M. DUPONT

ET

L'ŒUVRE DE LA SAINTE-FACE

NOTICE BIOGRAPHIQUE

PAR

M. L'ABBÉ JANVIER

Doyen du chapitre de l'Église métropolitaine de Tours, directeur de l'Œuvre de la Sainte-Face

CINQUIÈME ÉDITION

PRIX : 50 centimes

TOURS

A L'ORATOIRE DE LA SAINTE-FACE

8, RUE SAINT-ÉTIENNE, 8

1883

CONFRÉRIE DE LA SAINTE-FACE

FORMALITÉS POUR L'ÉTABLIR

Ces *Formalités* se trouvent exposées dans notre *Manuel de la Confrérie*, page 30, et dans notre *Règlement*, page 44.

Nous les résumerons ici :

1° Demander à l'évêque qu'il accorde cette érection et qu'il approuve le règlement ;

2° Ce règlement devra être celui de la Sainte-Face de Tours avec les modifications particulières qu'on jugera à propos d'y apporter ;

3° Obtenir un diplôme d'affiliation de M. le Directeur de l'Archiconfrérie réparatrice de Saint-Dizier, diocèse de Langres (Haute-Marne), et le soumettre au visa de l'Ordinaire avant l'inauguration de la Confrérie ;

4° Exposer (avec la lampe, si c'est possible) une image de la douloureuse Face de Notre-Seigneur, semblable à celle de l'Oratoire de M. Dupont ;

5° Recevoir un diplôme d'*Union de prières et de mérites* de la part de M. le Directeur de la Confrérie de Tours, et, en échange, prendre l'engagement de propager, autant que possible, l'esprit de la réparation et le culte de la sainte Face.

CONDITIONS POUR ÊTRE ASSOCIÉ

1° Se faire *inscrire* sur le registre à l'Oratoire de la Sainte Face ;

2° Recevoir le *règlement* avec *souvenir d'admission* ;

3° Réciter chaque jour *Pater*, *Ave* et *Gloria* en esprit de réparation ;

4° Porter la *croix* de Confrérie ;

5° *Empêcher* les blasphèmes et profanations, ou les réparer par un acte au moins intérieur ;

6° *Propager* la dévotion à la sainte Face.

†

M. DUPONT

ET

L'ŒUVRE DE LA SAINTE-FACE

NOTICE BIOGRAPHIQUE

PAR

M. L'ABBÉ JANVIER

Doyen du chapitre de l'Église métropolitaine de Tours, directeur de l'Œuvre de la Sainte-Face

---

CINQUIÈME ÉDITION

PRIX : 50 centimes

TOURS
A L'ORATOIRE DE LA SAINTE-FACE
8, RUE SAINT-ÉTIENNE, 8
1883

PERMIS D'IMPRIMER :

Tours, le 26 janvier 1882.

† CHARLES, *archevêque de Tours.*

Tous droits réservés.

AUX AMIS DE LA SAINTE FACE.

Quatre éditions de la *Notice biographique sur M. Dupont* ont été rapidement écoulées. On en réclame une cinquième. Elle aura encore, nous assure-t-on, même après la *Vie complète* et la *Vie abrégée* du serviteur de Dieu, son utilité et sa raison d'être. Courte, simple, mise à la portée des petites bourses, elle sera de facile propagande et continuera à faire honorer la mémoire du grand chrétien dont le nom tend de plus en plus à devenir populaire. On y trouvera, de plus, sur les Prêtres de la Sainte-Face, sur l'OEuvre à laquelle ils sont appliqués, sur la Confrérie dont la direction leur est confiée, des notions précises et inédites, propres, croyons-nous, à satisfaire les désirs qu'on nous a souvent manifestés.

Disons pourtant que ces pages ne sauraient suffire au lecteur curieux de connaître à fond et en détail les vertus et les miracles du « saint homme de Tours » : il faudra toujours recourir à son histoire proprement dite, que nous avons publiée sous deux formes différentes (1).

Quelque modeste que soit le présent opuscule, nous le dédions, comme un hommage de reconnaissance, « aux amis de la sainte Face » qui nous ont si vivement

---

(1) *Vie de M. Dupont, d'après ses écrits et autres documents authentiques*, par M. l'abbé Janvier, 2 vol. in-12, 6 fr. 50, à l'oratoire de la Sainte-Face, et chez MM. Mame, éditeurs, Tours. — *Vie de M. Dupont abrégée et populaire*, 1 vol. in-12, 3 fr. 50.

encouragé dans notre œuvre ; qu'ils veuillent bien continuer à s'en faire, au nom de M. Dupont, les bienfaiteurs et les apôtres ! Nous comptons sur leur zèle pour divulguer cette *Notice*, la répandre autour d'eux et la mettre, si c'est possible, dans les mains de tous ceux à qui on la croira utile. Grâce à leur dévouement, nous l'espérons, elle portera son fruit. Puissions-nous tous, par d'unanimes et généreux efforts, glorifier dignement la sainte et adorable Face du Seigneur Jésus, la dédommager des outrages inouïs dont elle est de nos jours abreuvée, et travailler ainsi efficacement à la défense de l'Église, notre très sainte mère, et au salut de la France, notre bien-aimée patrie !

Comme précédemment, nous déclarons nous conformer ici en tout au décret d'Urbain VIII, relatif aux pieux personnages dont on écrit la vie.

En la fête de l'Exaltation de la sainte Croix, 15 septembre 1883.

P. Janvier.

M. DUPONT

I. — Sa Jeunesse.

Léon Papin-Dupont naquit à la Martinique, le 24 janvier 1797, d'une famille de gentilshommes, originaires de Bretagne. Dès sa première enfance, il se distingua par la franchise de son caractère et la candeur de son âme.

Le petit trait suivant en est la preuve. A l'école où il allait, encore tout enfant, les écoliers un jour profitèrent de l'absence du maître pour s'évertuer à rire, causer, courir sur les pupitres, au lieu d'étudier la leçon. Averti par le vacarme, le maître survient tout à coup. Mais déjà la gent écolière s'était remise en place, et tout paraissait tranquille. Le maître veut connaître les auteurs du désordre ; il interroge ; tous, à les entendre, avaient été parfaitement sages. Il n'y en eut qu'un seul, le petit Léon, qui, interrogé à son tour, avoua ingénument et en toute sincérité qu'il s'était amusé au lieu de travailler. L'heure de la récréation à ce moment sonnait : « Oh ! mon petit ami, dit gravement le maître, vous ne méritez par de rester ici avec ces enfants si sages. Allez, allez à la cour... » Il l'envoya à la récréation, et faisant aux autres une verte réprimande, il les condamna à rester à l'étude. En racontant ce trait de son enfance avec sa gaieté ordinaire, M. Dupont exaltait beaucoup la sincérité et la franchise, qui l'avaient toujours, disait-il, heureusement servi.

Il connut peu son père, mort à Brest, en 1803, capitaine d'infanterie. Il avait un frère, Théobald, plus jeune que lui de quatre ans et avec lequel il fit ses études à l'école de Pontlevoy. Pendant les vacances, les deux frères venaient les passer ensemble au château de Chissay, dans le Blésois, chez le comte Gaigneron de Marolles, leur oncle, qui les traitait en père. Là, au milieu d'une petite société de cousins et d'amis, Léon, par sa nature sympathique et enjouée, savait s'attirer l'affection et gagner tous les cœurs. Gai, vif, empressé à faire plaisir, il était le boute-en-train des jeux et des plaisirs de son âge, mais en même temps d'une résolution virile, d'une énergie de volonté et de caractère qui annonçait le germe des plus héroïques vertus. Comme on le destinait à la magistrature, ses études de collège terminées, il alla faire son droit à Paris, où, en dehors des cours publics, il suivit un cours spécial sous un maître particulier.

Le séjour de la capitale ne fut pas pour lui sans péril. C'était en 1818. Jeune créole de vingt et un ans, jouissant d'une belle fortune, ayant du loisir, un grand cœur, il vivait largement, sans toutefois s'éloigner des habitudes chrétiennes ; volontiers il fréquentait les salons et le grand monde de l'époque. Surtout il aimait passionnément les voitures et les chevaux. Or, un jour son brillant équipage s'embarrasse au milieu d'une troupe de petits ramoneurs qui remplissaient la rue. Étonné, il s'informe, et il apprend que ces pauvres petits enfants étaient l'objet d'attentions et de soins particuliers de la part de quelques jeunes laïques de son rang. Cette œuvre de charité l'intéresse ; il demande à y participer. Il se trouva ainsi en relations d'amitié avec les pieux jeunes gens qui étaient à la tête de l'œuvre, et par suite avec des hommes de grand nom et de grandes vertus, tel que l'abbé de Frayssinous, Laurentie, M. Bordier. La Providence lui avait ménagé cette rencontre et ces relations précieuses.

Alors sans doute eut lieu ce qu'il écrit dans une lettre confidentielle à un ami : « Tout d'un coup la lumière se fit bien grande à mes yeux. Ce rayon de lumière me faisait voir l'importance de la vie chrétienne, l'indispensable affaire du salut!... Mais il fallait que la grâce intervînt!... » Elle intervint, en effet, forte et triomphante, Léon rompit avec ses habitudes de mondanité, modifia ses idées et se donna sérieusement et tout entier à une vie de piété et de bonnes œuvres. — Ce trait de sa jeunesse peut expliquer l'intérêt que M. Dupont a toujours porté à l'Œuvre des petits ramoneurs ; on sait que ce fut lui qui le premier, à Tours, la commença, réunissant lui-même ces enfants dans la chapelle des Carmélites, en souvenir de ce qu'il appelait sa *conversion*.

Ayant été admis dans la célèbre congrégation de la Sainte-Vierge, fondée à Paris par le P. Delpuits, le converti se fit aussitôt un devoir d'en accomplir toutes les règles, et cela sans respect humain, sans faiblesse, avec l'élan et la franchise propres à son caractère. Ainsi, un dimanche, étant en voyage et passant à Nantes, il entre le matin dans une église, et s'adressant à un vicaire de la paroisse, il lui demande à se confesser avec l'intention de communier. L'abbé, voyant devant lui un beau jeune homme du monde élégant de Paris, n'ose le prendre au sérieux, hésite à le recevoir et à l'entendre : tant c'était alors chose rare de voir un jeune homme du monde braver le respect humain et demander publiquement la sainte communion un dimanche ordinaire ! Le jeune Dupont, devinant sa pensée à son air embarrassé, lui déclare nettement qu'il est « congréganiste », et qu'en cette qualité il s'est fait une habitude et une règle de s'approcher des sacrements tous les huit jours. Le vicaire alors, aussi édifié que surpris, l'accueillit avec empressement.

Un récit relatif à la même époque, transmis par un témoin oculaire, nous fournit le fait suivant : « Je me trouvais à une réunion de créanciers pour la mise en faillite d'un pauvre père de famille, marchand papetier, obligé de suspendre ses payements, faute de 1,500 fr., lorsque M. Dupont arrive dans le magasin pour y faire quelque emplette. L'air triste des visages frappe le nouveau venu, qui en demande la cause. Sur la réponse qui lui est faite, il dit : « Prenez mon cheval et mon « tilbury, vendez et payez... » Et certes il avait un beau cheval, car c'était un élégant du jour. Cet acte spontané de charité fit sensation sur ceux qui étaient présents ; la faillite ne fut pas déclarée et le pauvre marchand se remit à flot. — Je ne serais pas surpris, observe le narrateur, que la sainteté de M. Dupont datât de cette époque. »

La grâce, en effet, transformait peu à peu son caractère et le portait aux actes les plus parfaits. Nous en citerons un exemple, d'après une excellente dame, alors maîtresse d'hôtel à Paris, Mme Contour, chez laquelle logeait le jeune étudiant et à qui souvent il confiait ses petites contrariétés et ses embarras. « Lors même, dit-elle, que la vivacité de sa nature l'entraînait au delà des bornes de la douceur, le retour était, chez lui, si prompt, le repentir si sincère et si franc, qu'on ne pouvait s'empêcher de dire que l'acte de vertu l'emportait sur la faute. » Un jour, au moment de sortir, Léon s'aperçoit de la disparition d'un billet de 1,000 fr. qu'il voulait faire changer. Il cherche ; il était pressé, on l'attendait. A l'inquiétude, à la précipitation de la recherche se joint la crainte de manquer aux égards envers les personnes qu'il allait faire attendre : tout cela s'exprimait dans ses gestes, ses paroles. Au trouble succède l'impatience, puis le soupçon. Il avait fait appeler Mme Contour, qui l'aidait dans ses perquisitions. Enfin, la passion éclate, et montrant son domestique : « C'est ce malheureux, dit-il, lui seul était ici. » Le domestique pâlit à faire peur, mais ne dit pas un mot. Mme Contour répliqua : « Monsieur Léon, calmez-vous ;

je me charge de cette affaire ; vous devez sortir. Je vais vous avancer l'argent dont vous avez besoin aujourd'hui, laissez-moi vos clefs, je garderai votre chambre et ferai de nouvelles recherches. »

Rassuré pour le moment, Léon sortit en la remerciant, mais encore ému de colère contre son serviteur. Après son départ, l'hôtesse ouvrit et fouilla minutieusement chaque tiroir du secrétaire ; ce ne fut qu'après bien des recherches inutiles qu'elle eut l'idée de vider le meuble jusqu'à fond en enlevant tous les compartiments. A sa grande satisfaction, elle trouva le billet froissé et pressé contre le dos du secrétaire, comme cela arrive souvent par le recul ou l'avancement d'un tiroir rempli de papiers.

Le pauvre domestique avait été obligé de suivre son maître, il ignorait cet heureux résultat. Mme Contour attendait son jeune hôte. Elle eut à peine le temps de lui expliquer où elle avait trouvé le billet de banque. Sans hésiter un instant, Léon Dupont se jette à genoux aux pieds de son domestique, lui demande pardon en sanglotant, et depuis lors il ne sut, dans sa générosité, quel moyen prendre pour lui faire oublier le soupçon injurieux qu'il avait porté sur lui.

De retour à la Martinique auprès de sa mère, qui avait épousé M. d'Arnaud en secondes noces, il eut la douleur de perdre son frère Théobald, emporté presque subitement par une fièvre chaude, à l'âge de vingt-cinq ans. Il paraît qu'à cette époque Léon pensa quelque temps à se faire prêtre, mais l'opposition et l'isolement de sa mère y mirent un légitime obstacle. D'autres épreuves l'attendaient.

D'abord conseiller auditeur à la cour royale de la Martinique, il ne tarda pas être nommé conseiller. A trente ans, il épousa Mlle Caroline d'Audiffrédi, qui en avait vingt-quatre. Cette jeune et noble dame, dont les qualités et les vertus, développées par une excellente éducation, promettaient de le rendre heureux, lui fut brusquement ravie par la mort, après quelques années de mariage, lui laissant une petite fille unique, Henriette, âgée seulement de huit mois. Ce coup imprévu affecta profondément M. Dupont. La foi prit en lui le dessus ; mais sa santé, ébranlée par le chagrin et par une grave maladie qui en fut la suite, avait besoin de se refaire. Il obtint de la cour un congé pour venir en France, et peu après il donnait sa démission. Une fortune considérable, qu'on évaluait à 800,000 francs, lui permettait de vivre d'une manière honorable et indépendante. Ce qui le détermina à se fixer de préférence à Tours, c'est que sa femme, en mourant, lui avait fait promettre de confier l'éducation de leur fille à la vénérable Mère de Lignac, supérieure des Ursulines, par qui elle-même avait été élevée, et dont elle gardait un filial souvenir.

II. — Son arrivée a Tours.

M. Dupont arrivait de la Martinique à Tours en 1834, amenant avec lui Henriette, sa fille, âgée de deux ans et demi, Mme d'Arnaud, sa mère, Alfred, son nègre, et Adèle, jeune mulâtresse qui était entrée à son service dès l'âge de quinze ans et qui, continuant de le servir jusqu'à sa mort, lui a survécu : nous tenons d'elle plusieurs particularités intimes qu'on retrouvera dans ce récit.

Tout d'abord, et à peine installé, l'ex-magistrat des Antilles, après s'être entendu avec la supérieure des Ursulines pour la première éducation de sa fille, se préoccupa sérieusement de la pensée qu'il avait eue dans sa jeunesse d'embrasser l'état ecclésiastique. Son confesseur, M. Jolif du Colombier, curé de la cathédrale, qu'il consulta, et la Révérende Mère de Lignac, à qui il s'en ouvrit également, n'hésitèrent point, comme de concert, à l'en dissuader, convaincus qu'il ferait plus de bien en restant dans l'état séculier. Il se rendit à ce double avis, et s'occupa dès lors de toute sorte de bonnes œuvres.

Son attitude fit sensation dans la ville. Sans respect humain, il ne craignit pas de montrer en tout et partout ce qu'il était et ce qu'il voulait être : un chrétien sincère et fervent, affirmant hautement sa foi par ses paroles et par sa conduite. La vue de certains scandales publics l'enflammait et le portait parfois à des actes de vigueur auxquels les bons habitants de Tours n'étaient guère accoutumés. Voyant un jour sur son passage un tableau indécent exposé à la porte d'une boutique, il enfonça la toile d'un coup de pied et en paya le prix au marchand, à condition qu'il ne mettrait plus jamais de pareilles nudités sur la voie publique.

Le blasphème excitait particulièrement ses douleurs et son zèle. Il voyageait un jour monté sur l'impériale d'une voiture, à côté du conducteur. Celui-ci, cédant tout à coup à une trop funeste habitude, se met à proférer un blasphème. A l'instant, M. Dupont lui applique au visage un vigoureux soufflet. Surpris, irrité, le conducteur arrête ses chevaux et sa voiture et se récrie sur l'insulte qui lui est faite. « Malheureux ? lui répond avec autorité M. Dupont, c'est vous qui m'avez insulté ! Vous venez d'outrager mon Père ! Et qui vous a donné le droit d'insulter mon Père de la sorte ? — Votre père ? dit le blasphémateur déconcerté, aussi étourdi de la parole que du coup. — Oui, dit M. Dupont, Dieu est mon Père et le vôtre, pourquoi l'outragez-vous comme vous venez de le faire ? » Et avec l'éloquence du cœur et la vivacité de la foi, il lui fit comprendre combien il est indigne d'outrager ainsi son Dieu. Le pauvre homme, confus, se rejeta sur sa déplorable habitude et promit de se corriger. Au terme de la route ils étaient devenus bons amis. M. Dupont, en le quittant, lui remit une pièce de 5 francs à la main et l'engagea à venir le voir à Tours. Il le revit, en effet, plus tard, vivant en bon chrétien et assurant qu'il avait, grâce à lui, entièrement renoncé à sa mauvaise habitude.

La fréquentation des sacrements était chez le pieux créole une pratique de jeunesse contractée à Paris quand il faisait partie de la congrégation : il l'avait fidèlement gardée dans sa vie de famille à la Martinique. Ayant plus de loisirs à Tours, il en profitait pour s'approcher souvent de la table sainte. C'était quelque chose de bien nouveau de la part d'un séculier, à une époque où la communion fréquente était peu pratiquée, même parmi les femmes et les personnes pieuses. M. Dupont, lui, s'étonnait d'être remarqué sous ce rapport, tant le bonheur de la communion lui paraissait désirable. La seule pensée de l'Eucharistie le ravissait. Il donna une preuve frappante de sa piété intelligente et éclairée dans un opuscule de controverse plein de force et de doctrine, sorti de sa plume en 1839 et publié par M. Mame, sous le titre : *La Foi raffermie et la Piété ranimée dans le mystère de l'Eucharistie, par un ancien magistrat.*

Son zèle et sa foi se manifestaient aussi par de fréquents pèlerinages, antique dévotion alors complètement tombée en désuétude. Les églises en ruine, les sanctuaires profanés ou délabrés l'attiraient de préférence. Dans ses voyages, il ne manquait pas de visiter dévotement les lieux célèbres et jusqu'aux moindres chapelles consacrées à la sainte Vierge et aux saints du lieu, qui se rencontraient sur sa route. C'est ce qui lui suggéra l'idée d'un livre nouveau et unique dans son genre, qu'il composa après beaucoup de soins et de recherches ; il le publia en deux volumes et l'intitula : *Année de Marie ou Pèlerinages aux sanctuaires de la Mère de Dieu.*

En parlant de lui-même, M. Dupont disait : « le pèlerin. » Il prenait familièrement ce titre ; entre amis, on le lui donnait volontiers. Nul n'en eut mieux l'esprit et ne mit la chose plus sérieusement en pratique ; il allait d'un sanctuaire à l'autre, priant seul et méditant ou s'entretenant pieusement avec des amis qu'il trouvait moyen d'entraîner à sa suite par ses sollicitations et son exemple. Il accomplissait ces voyages autant que possible à pied et à jeun, et ne manquait jamais de faire la sainte communion. A chaque église qu'il visitait, il laissait toujours quelque riche offrande. Vingt-cinq ans avant, il avait comme un pressentiment du bien immense que les pèlerinages devaient produire en France. Déjà il proposait ce moyen comme le plus efficace pour ranimer la foi au sein des populations. Quand l'apparition de la Salette eut lieu, il fut un des premiers et des plus empressés à entreprendre le pèlerinage de la sainte montagne ; il en rapporta de l'eau miraculeuse et garda de ses entretiens avec les petits bergers un souvenir ineffaçable. Toute sa vie il professa une grande dévotion pour Notre-Dame de la Salette.

III. — Mort de sa Fille.

Peu de mois après son retour de la Salette, M. Dupont eut à subir une cruelle épreuve, la plus grande de sa vie. Dieu, voulant le purifier davantage et l'élever au degré de l'union parfaite, allait, par un coup foudroyant, lui imposer le sacrifice de ce qu'il avait de plus cher au monde.

Henriette, son unique enfant, avait atteint sa quinzième année. Au dire de ceux qui l'ont connue, la jeune fille réunissait tout ce que peut désirer le cœur du père le plus aimant, alliant au charme d'une angélique piété les dons de la nature les plus rares et les plus séduisants. Vivant portrait de sa mère, belle et grande, quoique délicate de santé, d'une intelligence prodigieuse et bien au-dessus de son âge, elle enchantait, par l'élévation de son esprit et ses grâces naïves, tous ceux qui l'approchaient. Son père l'aimait tendrement, mais en chrétien. Un jour, durant un voyage de vacances fait à

Paris, la jeune créole, volontaire et capricieuse comme on l'est trop souvent à cet âge, laissa tout à coup percer un certain désir de quelques spectacles mondains et le vif regret d'en avoir été privée. Ce n'avait été dans ce jeune cœur, d'ailleurs si pieux, qu'un nuage passager. Mais l'œil vigilant du père l'avait aperçu. Connaissant le caractère de sa fille et, avec l'esprit de foi qui le caractérisait, entrevoyant pour elle les périls de l'avenir, il en fut effrayé. « Mon Dieu, dit-il, si vous prévoyez qu'elle doive s'écarter de la droite voie, je consens à ce que vous me l'enleviez, plutôt que de la voir se livrer aux vanités du siècle... » Il sembla que Dieu eût entendu cette prière héroïque, faite avec le désintéressement et la foi d'Abraham. Quelque temps après, la jeune fille fut brusquement atteinte d'une fièvre typhoïde, que la tendresse des soins et les secours de l'art ne purent maîtriser. En cinq jours, elle mourait, comme foudroyée.

Durant ces jours d'angoisses, M. Dupont se montra admirable. Il offrit de nouveau sa fille à Dieu, aimant mieux la lui donner que de la voir exposée à se perdre dans le monde. Quand tout espoir fut perdu, il la prépara lui-même à bien mourir, l'exhortant jusqu'à la dernière heure, lui parlant du ciel avec un pieux enthousiasme, la chargeant auprès de Dieu, avec une sorte d'autorité paternelle, de ses ordres et de ses recommandations au nom de ses amis et des personnes de la maison.

Voici ce que raconte le prêtre qui administra à l'enfant le saint viatique et l'extrême-onction :

« La jeune fille venait de recevoir les derniers sacrements, elle avait sa pleine connaissance. Le médecin, M. Bretonneau, était présent. Homme de cœur, plein d'estime et d'affection pour M. Dupont, il ne le délaissait pas à ce moment douloureux. La cérémonie terminée, le père, qui était à genoux et priait avec ferveur, abîmé dans ses réflexions, se relève et, prenant la main de sa fille mourante, il lui dit : « Maintenant, ma fille, que tu as reçu tant de grâces, es-tu contente? — Oui, papa ! — Regrettes-tu quelque chose sur la terre ? — Oui, papa ! — Quoi donc ? — De te quitter ! — Non, ma fille, tu ne me quitteras pas : nous ne serons point séparés. Dieu est partout; tu seras avec lui dans le ciel et tu le verras; moi, je le prierai ici, et, par lui, je serai avec toi. Deux murailles en ce moment nous séparent. La tienne bientôt va tomber, la mienne un jour tombera aussi, nous serons unis alors, et ce sera pour toujours!... » — « Je me retirai discrètement, ajoute celui qui nous racontait cette scène émouvante, tous les assistants et moi nous fondions en larmes. »

Le docteur Bretonneau, qui avait donné ses soins à la malade, resta jusqu'à la fin. Lorsque l'enfant eut exhalé le dernier soupir, le père, se tournant vers lui avec une expression céleste que rien ne peut rendre : « Docteur, dit-il, ma fille vient de voir Dieu !... » Et il récita le *Magnificat*. Plusieurs s'en étonnèrent ; mais l'illustre médecin, attendri et ravi d'admiration, ne put s'empêcher de dire : « Voilà l'idéal du chrétien ! » Ici, en effet, le chrétien était sublime, non seulement par le calme de sa résignation parfaite, mais par le transport de véritable bonheur qu'il éprouvait en offrant à Dieu ce qu'il avait de plus cher et de plus précieux, une unique enfant, dans toute la pureté de son âme et la beauté de sa jeunesse.

Un moment, pourtant, son courage fut sur le point de défaillir. Ce fut lorsqu'il s'agit d'ensevelir le corps de cette chère défunte. « Je le vois encore, nous raconte un témoin oculaire ; sa fille était sur son lit mortuaire, en attendant les funérailles ; le père, qui ne s'en éloignait pas, une dernière fois s'approche davantage. Il est debout, les bras croisés ; ses regards sont fixés sur le visage de sa fille, que le trépas n'a point défigurée ; ils expriment la plus tendre affection. Bientôt les traits du pauvre père s'altèrent, des larmes lui couvrent la face, les sanglots vont éclater, le corps est sur le point de s'affaisser. Mais tout à coup le chrétien se jette à genoux, se recueille et prie ; puis, se relevant avec un visage transfiguré, où une douce consolation brille sous les larmes : « J'allais être vaincu, dit-il, et pourtant ma fille est moins éloignée de moi qu'elle n'était ! Deux murailles nous séparaient et empêchaient notre union : la sienne écroulée, la mienne tombera, et nous serons à jamais réunis !... »

Aux visiteurs qui lui adressaient leurs condoléances, montrant la couche d'Henriette et citant l'Évangile, il disait : « Elle n'est plus ici ! Pourquoi chercher parmi les morts celle qui est vivante ? *Quid quæritis viventem inter mortuos ?* » Mme de Lignac alla le voir ce même jour, elle le trouva debout devant son grand pupitre, lisant l'Écriture et se consolant par les textes sacrés qui parlent au chrétien des espérances de la résurrection et de l'immortalité. « Dieu, disait-il, me l'avait donnée, Dieu me l'a ôtée, que son saint Nom soit béni ! » Sa foi triomphante lui inspira les pensées les plus gracieuses. « Comme un bon jardinier, disait-il, met en serre les fleurs les plus précieuses aux approches de l'hiver : ainsi Notre-Seigneur a rappelé à lui ma chère Henriette, au moment où elle allait entrer dans ce que le monde appelle la vie et se trouver exposée aux poisons de son contact et de ses maximes. » Il fit imprimer, comme souvenir, une petite image représentant Notre-Seigneur sous l'emblème d'un jardinier cueillant une fleur dans un jardin. Il avait même composé une petite pièce de vers sur ce gracieux sujet. Les moindres objets qui avaient appartenu à sa fille lui étaient chers. Elle avait dessiné au pensionnat un bel ange gardien : il en fit prendre la photographie et en distribua des exemplaires à quelques amis. Pendant plusieurs années, il allait presque journellement s'agenouiller et prier sur la tombe d'Henriette, au cimetière de Saint-Jean-des-Coups : c'est ce qu'il appelait sa « promenade solitaire ». Il y conduisait volontiers les amis qui venaient le voir. Après avoir visité avec eux la tombe d'une vierge carmélite, la sœur Marie de Saint-Pierre, dont il disait : « Voici une tombe qui deviendra glorieuse ! » il les menait ensuite à celle de sa fille, petit mausolée de marbre blanc, portant en tête une croix sur laquelle est écrit ce simple mot : « Henriette », et au pied un prie-Dieu en pierre avec un accoudoir aussi en marbre blanc, qui invite naturellement les passants à s'y mettre à genoux et à prier. Il disait avoir obtenu beaucoup de grâces par son intermédiaire. Il se sentait plus près d'elle que lorsqu'elle vivait, et il en donnait cette raison : « que la consommation des affections étant en Dieu, et sa chère fille étant réunie à Dieu, la moitié du chemin qui les séparait se trouvait franchie. » — On le voit, dans ce père héroïque les suaves et délicates tendresses du cœur s'alliaient en lui aux grandeurs et aux énergies de la foi.

IV. — Les Petites-Sœurs des Pauvres.

A partir de la mort de sa fille, la vertu déjà si élevée de M. Dupont entra dans une phase nouvelle de ferveur et de perfection ; auparavant on sentait encore quelque peu chez lui l'homme du monde ; dès ce moment il parut détaché de tout, et n'eut plus d'autres rapports avec le siècle que ceux de la piété ou de la charité. Nous savons, en outre, par suite de confidences ingénieusement arrachées, qu'il commença dès lors dans sa vie privée à pratiquer les longues veilles, les oraisons nocturnes et ces macérations de la chair dont on était loin de lui soupçonner l'usage. Il veillait jusqu'à minuit, faisait régulièrement l'heure sainte et ne se livrait point au sommeil sans avoir châtié son corps par de rudes et quelquefois sanglantes disciplines. Le petit cabinet attenant à son salon, qui sert maintenant de vestibule à la sacristie, fut longtemps le muet témoin de ces secrètes austérités, dignes d'un pénitent du désert et d'un trappiste.

Dès lors aussi il adopta, dans la manière d'observer les lois du jeûne et de l'abstinence, certaines habitudes plus rigoureuses, qui lui étaient particulières; celles, par exemple, de se nourrir le mercredi des cendres d'un pain cuit sous la cendre, de ne prendre aucun aliment le vendredi saint, et même en certaines années, nous assure-t-on, les trois derniers jours de la semaine sainte. Il faisait maigre tout le carême, n'usant à son repas que d'un seul mets.

Ainsi se préparait-il, comme instinctivement, à la mission spéciale que Dieu allait bientôt lui confier. En attendant, il se livrait à tout le feu de l'amour divin et au zèle actif des bonnes œuvres. Le jour des funérailles de sa fille, il avait « distribué sa corbeille de noces », par une généreuse aumône envoyée aux diverses communautés de la ville. Une partie de la dot qu'il lui destinait fut consacrée à fonder l'établissement des Petites-Sœurs des Pauvres, une des premières maisons de l'Œuvre. Qui pourrait dire l'intérêt et l'affection qu'il portait à ces chers vieillards et à leurs bonnes sœurs ? Chaque dimanche il allait passer ses soirées avec eux. Dans le commencement, où les sœurs étaient peu nombreuses, il leur venait en aide; il balayait, il nettoyait; il rendait aux pauvres vieux les plus humbles services, pansant les plaies des uns et s'efforçant d'égayer les autres. Il s'ingéniait à leur ménager de petites fêtes. Les haricots superbes qu'il cultivait avec tant de soin dans son jardin leur étaient exclusivement destinés. Le surprenait-on, à certains jours, se dirigeant vers le quartier de Notre-Dame-La-Riche, les larges poches de sa redingote garnies et gonflées de gâteaux et de bonbons : c'étaient de douces surprises et de petits régals qu'il réservait aux bonshommes et aux bonnes femmes des Petites-Sœurs. Si parfois on le voyait ramasser une épingle qu'il trouvait sur son chemin et qu'il mettait dans un étui à ce destiné : « C'est pour mes vieillards, » disait-il gaiement. Chaque fois qu'il les visitait, il adressait à chacun un petit mot d'encouragement et à tous en général une parole du bon Dieu. Il écoutait les demandes qui lui étaient faites et s'empressait de subvenir aux petits besoins qu'on lui manifestait. Rarement se retirait-il de la maison sans laisser une large aumône.

D'autres communautés, à la même époque, lui durent sinon leur fondation, du moins une partie de leur existence et de leur accroissement. Le petit monastère de la Purification est de ce nombre. Deux motifs l'attiraient vers cette maison, le souvenir du vénérable fondateur M. le chanoine Pasquier, son ami intime et un de ses premiers confesseurs à Tours, puis le but que s'y proposent les religieuses, qui ont surtout la réparation des outrages commis contre Dieu par les profanations du dimanche. Il allait fréquemment prier à leur modeste chapelle, et ne manquait pas de faire part à la Mère supérieure et à ses filles des grâces qu'il avait à solliciter durant les nuits de l'Adoration nocturne, pour des conversions ou des réconciliations. « Comme victimes réparatrices, leur disait-il, votre mission est de nous venir en aide. »

A son retour du pèlerinage à la Salette, il confia aux religieuses de la Purification le dépôt de l'eau qu'il avait rapportée et dont il ne cessa de faire un pieux usage : il les encouragea fortement à demander que leur chapelle fût placée sous le vocable de Notre-Dame Réconciliatrice, ce qui eut lieu, et il contribua avec libéralité aux frais de cette chapelle, qu'on dut alors reconstruire.

V. — L'Adoration nocturne.

Nous venons de nommer l'Adoration nocturne du saint Sacrement pour les hommes. Cette œuvre admirable de réparation et de piété, dont s'édifie encore notre ville, est due à l'initiative de M. Dupont. Le premier entre nous il en eut l'idée. Son amour pour Notre-Seigneur dans l'Eucharistie et sa sainte ardeur pour multiplier les œuvres réparatrices, ne lui donnèrent point de repos que celle-ci n'eût été établie sur le modèle de ce qui se faisait déjà à Paris. Celle de Paris avait été instituée au mois de décembre 1848, dans l'église Notre-Dame-des-Victoires ; et le 2° février de l'année suivante (1849) Mgr Morlot approuvait le règlement de l'Adoration nocturne de Tours, organisée par M. Dupont dans la chapelle des Prêtres de la Mission. Le zèle de l'adoration fit de ce pieux laïque un irrésistible apôtre : il allait trouver ses amis et les jeunes gens de sa connaissance, les sollicitait l'un après l'autre, les animait du souffle de sa foi et de sa ferveur, les réunissait chaque semaine, plus souvent en certaines circonstances, les organisait par série et par groupe pour la sainte veille, comme l'officier qui distribue et place les sentinelles et les gardes de nuit pour la défense du camp en face de l'ennemi.

Il prenait indistinctement dans toutes les catégories de la société, parmi les ouvriers et les militaires, comme dans les plus hauts rangs et au sein des plus honorables familles. Chez celles-ci, il profitait d'une épreuve, d'un particulier besoin de prière, d'une affliction inattendue, pour décider le père ou le fils à venir au moins passer une heure à l'Adoration. Il y invitait les étrangers, les inconnus, les indifférents qui lui faisaient visite.

Ses conversations, dans la salle d'attente, avant le commencement de l'Adoration, ravissaient tous ceux qui étaient présents. Tour à tour il les égayait et les édifiait, dilatant son cœur avec autant d'abandon et de simplicité que de ferveur et d'onction. On sortait de là embrasé de l'amour divin, disposé à tous les sacrifices. Il avait toujours des anecdotes et des faits consolants à raconter ; il groupait les adorateurs autour de lui, les tenait attentifs pendant une heure, à ce point qu'il fallait l'avertir que le moment de commencer l'exercice était venu et qu'on l'attendait à la chapelle.

Tout le matériel de l'œuvre fut acheté à ses frais. Ce matériel se composait d'un support en bois recevant un matelas et un oreiller ; c'était ce que l'on appelait le « lit de camp ». A chaque lit était affectée une ou deux couvertures, une peau de bouc ou un manteau fourré.

La chambre de repos fut parquetée. Comme on débuta au milieu de l'hiver, il fit tout d'abord installer un grand poêle qu'on avait soin d'entretenir toute la nuit ; le bois était envoyé par lui ou fourni à ses dépens. Il envoya également un certain nombre de lampes. Deux prie-Dieu garnis furent mis à la disposition des adorateurs.

Quand on reconstruisit la chapelle des Lazaristes, il donna une somme de dix mille francs, afin qu'on pût y avoir une crypte spécialement destinée aux adorateurs pendant les nuits d'hiver. Il était toujours présent, faisant la veille à son tour ; il dirigeait lui-même les exercices, tenait le registre des recommandations. Il marquait d'une croix les demandes exaucées pour lesquelles on était venu solliciter une action de grâces. Quelques années après le début de l'association, le nombre des actions de grâces était d'environ cinq mille. Qui pourrait aujourd'hui calculer le chiffre des faveurs obtenues par ces pieuses réunions ? Et comment apprécier devant Dieu l'influence salutaire et les bénédictions de tout genre qui en ont été les fruits ?

De Tours, le zèle de M. Dupont pour l'Adoration s'étendit au loin sur une foule de points. Il a eu, dès l'origine, la main dans presque toutes les fondations qui ont été essayées ou accomplies en France, notamment à Angers, au Mans, à Laval, à Redon, à Orléans, à Nantes. Mais il dissimulait le plus possible son action personnelle. Il aimait à mettre en avant des amis, des connaissances. Souvent c'étaient des officiers supérieurs dans l'armée, des capitaines de frégate. C'est ainsi que l'Adoration s'établit à Grenoble, à Lyon, à Toulon, à Brest, à Lorient. M. Dupont faisait de l'Adoration nocturne l'objet continuel de ses pensées et le sujet de ses lettres. Il espérait le triomphe de l'Église par ce moyen. « La meilleure manière de prier, assurément, disait-il, c'est de se réunir la nuit dans une même pensée aux pieds de Notre-Seigneur, de l'adorer, de lui faire réparation d'honneur et de lui montrer nos besoins. » — « Oh! quel bonheur pour la génération présente, ajoutait-il, si pareille pensée trouvait réalisation dans la France entière! »

VI. — L'ŒUVRE DE SAINT-MARTIN.

La première des Œuvres qui ait occupé M. Dupont dès son arrivée à Tours, et dont il n'a cessé de faire le but de ses pensées les plus intimes et de ses plus ferventes prières, c'est la reconstruction de la basilique de Saint-Martin. Alors que personne n'y pensait, ou que ceux qui jadis en avaient conçu le projet n'osaient plus y revenir le jugeant plus que jamais irréalisable, ce grand chrétien en faisait déjà devant Dieu son idée fixe, regardait la réédification de l'insigne basilique et la réhabilitation de l'antique pèlerinage comme deux choses non seulement possibles, mais nécessaires au temps où nous vivons, et ne doutait point que l'une et l'autre ne se réalisassent un jour. Bien qu'à cette époque l'emplacement du saint tombeau ne fût pas nettement déterminé, l'angle des rues Saint-Martin et Descartes l'attirait; il y allait souvent, le soir ou le matin, au milieu de l'obscurité et du silence, faire de longues oraisons. Chaque fois qu'il y passait durant le jour, quelque temps qu'il fît et quelque fût la société qui l'entourât, il ne manquait pas de s'arrêter, de se découvrir et de réciter lentement et à demi-voix ce verset du Psalmiste : « *Benigne fac, Domine, in bona voluntate tua Sion, ut ædificentur muri Jérusalem* : Seigneur, traitez favorablement Sion, et faites-lui sentir les effets de votre bonté, afin que les murs de Jérusalem soient rebâtis. » (Ps. L, 19.)

Seul le plus souvent, ou quelquefois accompagné d'un vertueux prêtre étranger au diocèse de Tours, mais qui partageait sa confiance et sa dévotion en saint Martin, il partait le soir, au déclin du jour, et faisait, durant la nuit, à travers les rues et les différents quartiers de la ville, ce qu'il appelait son « Chemin de la croix », lequel consistait à aller, récitant le *Miserere*, s'agenouiller et prier sur les ruines d'anciennes églises détruites ou profanées. Il en comptait quinze, dont la première, dans sa pensée, était celle de Saint-Martin, puis Saint-Julien, qui n'était pas encore rendu au culte, Saint-Clément, les Minimes, les Cordeliers, les Jacobins, etc. ; c'étaient là autant de stations où il s'arrêtait, se prosternait sur le sol et offrait à Dieu les plus ferventes réparations.

Sous Mgr Morlot, en 1854, il fut le promoteur et l'âme de l'œuvre du Vestiaire des Pauvres, laquelle, personne ne l'ignore à Tours, donna naissance à l'œuvre de Saint-Martin proprement dite. Il avait eu, le premier, la pensée de cette association modeste et utile, si digne de l'illustre catéchumène à qui elle était consacrée, et il l'avait suggérée à ses collègues de la Conférence de Saint-Vincent-de-Paul. Il en resta toujours un des membres les plus actifs et les plus zélés ; il la soutenait par ses libéralités anonymes ; les réunions se tenaient chez lui, et s'y sont tenues jusque dans les derniers mois de sa vie.

Il fut également l'ardent promoteur et le guide enthousiaste des premiers pèlerinages en l'honneur de saint Martin qui eurent lieu parmi nous, d'abord à Marmoutier, puis à Olivet et à Ligugé, enfin à Candes, et qui furent comme le signal des grand pèlerinages contemporains dont nous sommes aujourd'hui témoins.

Lorsque Mgr Guibert, en 1860, nomma une commission spéciale pour le rétablissement du culte de saint Martin, M. Dupont fut un des premiers désignés pour en faire partie. Il contribua à l'érection du premier oratoire. Il était présent à la découverte du saint tombeau, et aucun de ses collègues n'a oublié les pieux transports de joie qu'il fit éclater dans cette mémorable circonstance. La chapelle provisoire le compta au rang de ses plus généreux bienfaiteurs et de ses fidèles les plus assidus. Il était de tous les pèlerinages et de toutes les fêtes qu'on y célébrait. Il approuva le beau plan de la future basilique qui fut dressé sous Mgr Fruchaud par les ordres de la commission, et qu'on voit aujourd'hui exposé dans l'escalier de l'archevêché. Enfin, pas un événement relatif à cette grande œuvre ne s'est accompli sans qu'il y ait pris une part plus ou moins directe. Le plus souvent il évite par discrétion de se mettre en avant ; mais, dans ses conversations intimes et ses relations personnelles, il exhorte, il dirige, il encourage tous ceux qu'il juge propres à servir l'œuvre en quelque manière ; naturellement et comme à leur insu, il les anime de sa pensée et les vivifie de son esprit. C'est dans son salon, sous ses yeux, qu'ont été successsivement exposés, discutés et préparés les plans divers relatifs soit à la découverte du saint tombeau, soit à la reconstruction de la basilique future.

Il ressort de là comme une évidence aux yeux de tous que, si cette œuvre grandiose se réalise de la manière que nous espérons, la ville de Tours, la France, le monde catholique en seront redevables à l'influence de cet homme juste, aux ferventes prières que, durant quarante ans de sa vie, il n'a cessé d'adresser à Dieu dans cette intention. En mourant, il en saluait le jour par avance, et il a laissé, entre autres legs pieux, une caisse de « terre de Gethsémani », reçue par lui d'un pèlerin de Jérusalem, pour servir à la pose de la première pierre.

VII. — LE CULTE DE LA SAINTE FACE.

Cependant, à l'intérieur du Carmel de Tours, se passait un événement de l'ordre mystique le plus élevé, qui se lie intimement à la vie de M. Dupont et qui, en occupant à la fin la plus large place dans ses pensées, devait faire de lui, par excellence et d'une manière ostensible et durable, l'apôtre de la réparation et des œuvres expiatoires. Nous voulons parler des communications divines faites à la sœur Saint-Pierre relativement au culte de la sainte Face.

Depuis trois ans vivait, parmi les vierges Carmélites, une jeune religieuse venue de Bretagne et que saint Martin semblait avoir attirée à Tours par un effet de sa protection spéciale. C'était une simple ouvrière de Rennes, peu favorisée du côté de la nature, mais privilégiée de Dieu et comblée des dons de la grâce. On lui donna dès son entrée le nom de Marie de Saint-Pierre. La sérénité de son caractère et son amabilité pour ses sœurs égalaient la ferveur de sa piété et la candeur de son âme. Dieu avait sur elle des desseins qui ne tardèrent pas à se manifester. Les communications dont elle fut favorisée eurent d'abord pour objet l'œuvre réparatrice des blasphèmes et l'établissement d'une confrérie à ce sujet. M. Dupont en eut aussitôt connaissance, et il se chargea de faire imprimer, avec l'approbation de Mgr Morlot, archevêque de Tours, un opuscule intitulé : *Association de prières contre le blasphème et la profanation des jours de dimanche et de fête.* Il y joignit, également avec approbation, un *Petit office du très saint Nom de Dieu*, composé par lui. Ce fut le commencement de la grande œuvre de la réparation que la sœur Saint-Pierre avait reçu mission d'établir. A force d'instances, l'humble sœur obtint enfin l'érection de la confrérie tant réclamée, qui ne tarda pas (30 juillet 1847) à recevoir l'approbation du Souverain Pontife Pie IX. Les litanies de la sainte Face, composées par elle, avaient déjà reçu l'approbation du cardinal Morlot, et M. Dupont s'en était fait aussitôt le zélé propagateur, ne cessant de les réciter lui-même en particulier et de les recommander aux autres comme de belles invocations à la Face adorable de Jésus.

Ce qui avait surtout frappé le pieux laïque dans les révélations successives faites à la vierge du Carmel, c'était le moyen de réparation que Notre-Seigneur avait donné à sa servante en lui indiquant le culte de sa douloureuse Face. Comme il s'agissait là de l'amour de Notre-Seigneur et d'une idée réparatrice qui lui était chère, il s'intéressait très vivement à ces sortes de communications et en recueillait avec avidité les moindres détails. La sœur, en vertu de l'obéissance, mettait par écrit, au fur et à mesure, tout ce qui lui venait d'en haut. C'est ainsi que le 11 novembre 1845 elle écrivait : « Notre-Seigneur a transporté mon esprit dans la route du Calvaire et m'a vivement représenté le pieux office que lui rendit sainte Véronique, qui, de son voile, essuya sa très sainte Face couverte de crachats, de poussière, de sueur et de sang. Ensuite ce divin Sauveur m'a fait entendre que les impies renouvelaient actuellement par leurs blasphèmes les outrages faits à sa sainte Face, et j'ai compris que tous ces blasphèmes que les impies lançaient contre la Divinité qu'ils ne peuvent atteindre, retombent comme les crachats des Juifs sur la douloureuse Face de Notre-Seigneur, qui s'est fait victime pour les pécheurs.

« Ensuite, j'ai compris que Notre-Seigneur disait qu'en s'appliquant à l'exercice de la réparation des blasphèmes, on lui rendait le même service que lui rendit la pieuse Véronique, et qu'il regardait les personnes qui le lui rendaient avec les yeux de la même complaisance dont il regarda cette sainte femme, lors de sa Passion. »

Ces idées, développées et éclaircies par une série de révélations durant plusieurs années, frappèrent fortement l'esprit de M. Dupont. Il entrevit sur le champ tout ce qu'il y avait de pratique et d'opportun dans le culte de la sainte Face ainsi envisagé. De tout temps sans doute la divine Face de Notre-Seigneur a eu ses amis et ses adorateurs; mais ce qu'il y a de nouveau et de merveilleusement approprié aux besoins de notre époque, c'est d'en faire le signe extérieur et sensible des œuvres réparatrices dont le monde, et en particulier la France, ont si grand besoin. C'était ce qui ravissait l'âme du serviteur de Dieu. Il goûtait encore singulièrement les paroles suivantes :

« Selon le soin que vous aurez de réparer mon portrait défiguré par les blasphémateurs, de même j'aurai soin du vôtre qui a été défiguré par le péché. J'y imprimerai mon image et je le rendrai aussi beau qu'il était en sortant des fonts du baptême... »

« Il y a des hommes sur la terre qui ont l'art de restaurer le corps, mais il n'y a que moi qu'on puisse appeler le restaurateur des âmes à l'image de Dieu. Eh bien ! voilà la grâce que je promets d'accorder à quiconque s'appliquera à rendre à ma Face adorable les honneurs et les adorations qu'elle mérite, dans l'intention de réparer par ces hommages les opprobres qu'elle reçoit des blasphémateurs... » — « Et Notre-Seigneur, continue la sœur, me montra dans l'apôtre saint Pierre un exemple de la vertu de la sainte Face vers cet apôtre infidèle qui devint pénitent : Jésus regarda Pierre, et Pierre pleura amèrement. Cette Face adorable est comme le cachet de la divinité, qui a la vertu de réimprimer dans les âmes qui s'appliquent à elle l'image de Dieu... »

Sur ces graves et mystiques sujets, M. Dupont avait de fréquents entretiens avec la Révérende Mère Marie de l'Incarnation, prieure des Carmélites, femme d'élite, d'une intelligence supérieure, qui, dès l'origine, l'avait initié aux merveilles de la grâce qui se manifestaient à l'intérieur de son monastère. Ces deux belles et saintes âmes, s'étant de bonne heure comprises, s'entretenaient souvent de ce qui intéressait le service de Dieu, et se prêtaient à l'occasion un mutuel secours de prière et d'action.

La sœur Saint-Pierre mourut le 8 juillet 1848. Sa mission, disait-elle, était finie. M. Dupont en fut le continuateur, ne cessant point de vénérer sa mémoire et de propager ses idées et son désir de réparation. Une circonstance très simple en soi allait donner un corps à ces pieux sentiments et en faire pour lui une œuvre de dévotion pratique et journalière.

On touchait à la fin du carême 1851. La Mère Marie de l'Incarnation fit remettre à M. Dupont une gravure de la sainte Face, venant de Rome, qui lui avait été envoyée avec plusieurs autres par la Prieure des Bénédictines d'Arras, ardente zélatrice, elle aussi, de la Réparation. Cette sainte image représentait le voile de la Véronique et portait un authentique attestant qu'elle était la reproduction fidèle de l'insigne relique du Vatican, à laquelle elle avait touché. M. Dupont la fit entourer d'un cadre de bois noir et la plaça dans l'endroit le plus marquant de son salon. En réfléchissant à ce qu'il pourrait faire pour honorer la précieuse image, il lui vint l'idée d'allumer une lampe devant elle et de l'y entretenir nuit et jour. Il pensait aussi « qu'une lampe brûlant en plein midi », selon son expression, frapperait les regards des visiteurs les plus indifférents, provoquerait leurs questions et lui donnerait par là l'occasion de parler de Notre-Seigneur, de sa sainte Face, de la nécessité des réparations. Étant, lui, simple laïque, dans une position libre et indépendante, il se crut pour cela même choisi de Dieu afin de propager au dehors et de populariser parmi les gens du monde une idée que Notre-Seigneur avait manifestée à une sainte religieuse dans le silence et derrière les grilles du cloître ; il se résolut à être, comme il le disait humblement, le « serviteur » de la sœur Saint-Pierre et le « portefaix » de sa pensée. Plusieurs faits, qu'il jugea miraculeux, ne tardèrent pas à le confirmer dans sa détermination.

L'image de la sainte Face avait été placée dans son oratoire le lundi saint 1851. La lampe fut allumée le mercredi saint, jour choisi à dessein, parce que, étant celui où Notre-Seigneur a été vendu par Judas, il semblait convenable entre tous pour une réparation « éclatante ». Le pieux adorateur de la sainte Face s'occupait de ces pensées, lorsque le vendredi saint, à midi, un commis voyageur se présente pour lui offrir des vins, dont il faisait le commerce. Éludant au plus tôt cette question accessoire, M. Dupont lui montre la lampe, la sainte Face, et l'exhorte si bien qu'au bout d'une heure le commis, entré au moins indifférent, le quitte emportant avec foi un peu d'eau de la Salette, et va le soir se confesser ; il vécut depuis en excellent chrétien. Le lendemain, samedi saint, une demoiselle de Richelieu vint pour affaires chez M. Dupont, qui, alors occupé, l'invite à prier la sainte Face en l'attendant. Cette personne, qui avait les yeux très malades, demanda sa guérison ; le serviteur de Dieu se joignit à elle, et au même moment ses yeux furent guéris. Le mardi de Pâques, un jeune homme de la ville venait s'acquitter d'une commission ; il avait mal à une jambe, boîtait et marchait péniblement. M. Dupont eut l'idée de faire une onction sur sa jambe malade avec l'huile de la lampe, en priant la sainte Face ; le jeune homme se trouva immédiatement guéri et se mit à courir autour du jardin avec la plus grande facilité. Cette nouvelle se répandit, amena d'autres infirmes, et la plupart furent guéris ou soulagés.

Ainsi s'établit le pèlerinage de la sainte Face, dont

la renommée ne tarda pas à se répandre dans toutes les parties de l'univers. La foule des pèlerins et des visiteurs devint telle, que l'homme de Dieu se crut obligé de renoncer à toute absence, même pour un jour. Son appartement était devenu de fait un oratoire de la sainte Face et le centre de prières journalières et presque ininterrompues. On y venait de tous pays, et ce qui s'y passait avait au loin un immense retentissement. Le nombre des guérisons opérées, des grâces de tout genre obtenues est incalculable et restera toujours inconnu. Il ne nous appartient pas de nous prononcer sur le caractère miraculeux de chacun de ces faits extraordinaires. L'autorité ecclésiastique est seule compétente en pareille matière. Nous pouvons dire au moins que le genre et le nombre des pièces de conviction laissées par les malades et les infirmes, les « ex-voto » des pèlerins, les lettres d'actions de grâces envoyées de toutes parts, les certificats authentiques des médecins et d'autres personnages non suspects, ne permettent pas de douter que les prières faites chaque jour dans l'oratoire de M. Dupont n'aient été fréquemment récompensées par les faveurs les plus insignes.

Nous en raconterons ici quelques-unes avec détails et comme exemples. — La guérison du docteur Noyer, célèbre médecin de Paris, mérite d'abord d'être mentionnée. Le malade arrivait chez M. Dupont avec une lettre de recommandation d'un de ses amis. Le serviteur de Dieu ouvre la lettre en sa présence et se met à lire tout haut. Arrivé à un endroit, il s'arrête. On lui marquait que celui qui lui présenterait cette lettre avait une maladie tellement grave qu'il n'avait pas pour trois semaines de vie, et c'était un médecin qui écrivait ainsi. Voyant cette hésitation, le docteur Noyer lui dit : « Ne craignez pas de continuer, je sais ce qu'il vous dit de moi... que je suis un homme perdu !... — C'est vrai, dit M. Dupont, mais avez-vous la foi ? — Oui, certes, je l'ai. — Eh bien ! prions ensemble. » Le docteur Noyer, condamné par les autres médecins de Paris, ses collègues, avait une phthisie pulmonaire très avancée, un poumon de moins. C'était avec raison qu'on déclarait le mal incurable et la mort prochaine. Il se rendait à Pau pour y respirer un air plus doux. On se mit en prière; M. Dupont lui fit des onctions sur la poitrine. Le malade, plein de confiance, voulut boire quelques gouttes d'huile. Il se trouva à l'instant complètement guéri. Rendu à Pau, il continua des relations avec son libérateur, lui recommandait ses malades, et pendant le reste de sa vie ne manquait pas de venir à Tours chaque année en pèlerinage d'action de grâces. Il y est encore venu dans les derniers temps.

Un contrôleur du chemin de fer voit un jour arriver une dame portant dans ses bras un enfant de sept ans malade et ne pouvant marcher : elle demanda l'adresse de M. Dupont. Les agents et les chefs de gare étaient si habitués à ces sortes de demandes et montraient d'ailleurs une telle bienveillance à l'égard des pèlerins étrangers se rendant chez M. Dupont, que souvent ils allaient au-devant de leurs interrogations et, au besoin, leur servaient volontiers de guides. C'est ce qui se fit en cette occasion. Le contrôleur, non content de répondre à la question de cette dame, voulut encore la conduire lui-même et l'aider en chemin à porter l'enfant. On arrive, on s'agenouille devant la sainte Face, et l'on se met en prière. M. Dupont examine l'enfant; il demande pourquoi « il n'a pas de souliers. » C'était par trop visible, à cause de la difformité et de l'enflure des pieds. « C'est qu'il ne peut les mettre, répond la mère. — Allez, dit M. Dupont, allez lui acheter des souliers chez le cordonnier, telle rue, tel numéro. » La mère obéit et sort. Pendant cela, le serviteur de Dieu fait les onctions. Les souliers achetés sont apportés par la mère; l'enfant peut les mettre sans difficulté; il était guéri. — Voilà ce que raconte le contrôleur, témoin du fait.

Un jeune enfant de Tours, âgé d'environ sept ans, atteint de la maladie vulgairement appelée *carreau*, fut, pendant trois mois consécutifs, en proie aux plus vives douleurs; il ne mangeait plus, il était incapable de se tenir debout. Son père, homme plein de foi, voyant l'inutilité des remèdes, le porta un jour chez M. Dupont. Après la première prière et la première onction de l'huile sainte, le jeune malade put se tenir sur ses jambes. A la seconde, il commença à marcher; la troisième lui rendit la vigueur, l'agilité, et l'appétit dont il était privé depuis trois mois. Il court de toutes ses forces et sans éprouver de douleur; il s'élance dans le jardin, où la faim dont il se sent pressé et l'espièglerie naturelle à son âge le poussèrent, il l'avoua plus tard, à saisir à la dérobée trois belles cerises, assez élevées sur l'arbre dont il les détacha pour que, vu son état d'infirmité, il n'ait pas même pu auparavant avoir la tentation d'y porter la main. Rentré au salon, il déchire à belles dents un énorme morceau de pain que M. Dupont lui fait apporter; et, depuis lors, il ne se ressentit jamais de la cruelle maladie qui l'affligeait. Cet enfant a grandi; il est devenu prêtre dans son diocèse, et c'est lui-même qui publie ce fait pour rendre hommage à la mémoire du serviteur de Dieu.

Passant à Tours dans la rue Saint-Étienne, un voyageur étranger aperçoit soudain un certain nombre de personnes se pressant autour d'une maison pour entrer. Il demanda ce qui les attirait. « C'est, lui fut-il répondu, un monsieur qui fait des miracles. » A ce mot, il se sent lui-même porté à entrer pour satisfaire sa curiosité. C'était la maison de M. Dupont. En le voyant, celui-ci le salue poliment: « Quel motif, Monsieur, lui dit-il, me donne l'occasion de vous voir? » Le voyageur déclare naïvement ce qui lui est arrivé et ce qu'on vient de lui dire: « Oui, Monsieur, reprend M. Dupont, il s'est fait des miracles ici, par la bonté de Dieu, et il s'en fait tous les jours. » Et sur l'étonnement marqué du visiteur, il ajouta : « Ce n'est pas, Monsieur, pour un chrétien, plus difficile à obtenir qu'il ne l'est d'avoir un plat de petits pois chez la marchande du coin ;..... il suffit de demander, et, si vous le voulez, vous en serez témoin ; voici une femme qui a presque entièrement perdu la vue, nous allons tous prier pour elle, et, j'en ai l'espérance, elle va y voir clair. »

Ce voyageur s'agenouille avec toutes les personnes présentes et se met à prier, quoique depuis dix ans il n'eût pas fait un acte de religion. On fit des onctions sur les yeux de cette femme privée de la vue. Elle déclara d'abord ne pouvoir lire un seul mot dans un livre qui lui fut présenté ; bientôt, ointe de nouveau et à plusieurs reprises de l'huile de la sainte Face, elle commença à voir et à distinguer les personnes qui l'entouraient ; enfin, elle recouvra sa vue accoutumée, puis elle se mit à lire dans le livre qu'on lui avait présenté. Touché de ce qu'il avait vu, particulièrement frappé des paroles de M. Dupont, l'étranger sentit qu'il ne pouvait pas en rester là avec sa conscience et avec Dieu. Il alla trouver un prêtre et se confessa ; ce fut pour lui le point de départ d'une complète conversion qui ne se démentit pas.

Une dame anglaise nous raconte le fait suivant : M. Pierre Ewing, élève du collège de Downside, en Angleterre, attaqué d'une maladie des yeux qui l'avait obligé de suspendre ses études, passait à Tours avec sa famille. Rien n'indiquait extérieurement qu'il eût la vue mauvaise. Il se rendit à la maison de M. Dupont. Celui-ci vint droit à lui, posa la main sur ses yeux et dit inopinément : « Monsieur, vous retrouverez la vue que vous êtes venu chercher ici. » Le jeune homme devint blanc comme un linge, tant il fut effrayé d'entendre révéler ce qu'il n'avait dit à personne. Il fut guéri effectivement et retourna au collège de Downside continuer ses études.

Nous pourrions citer une multitude de faits du même

genre et peut-être plus frappants encore (1). Ce qui n'est pas moins extraordinaire, c'est le dépôt de bâtons et de béquilles que laissaient les infirmes et les boiteux guéris devant la sainte Face, et qui grossissait chaque jour. On les voyait réunis et attachés en faisceaux dans un petit cabinet qui s'ouvrait à l'angle du salon et qu'on a depuis appelé « la chambre des miracles » : sorte de musée d'un caractère unique, offrant à l'œil des pièces diverses qu'on ne pouvait considérer sans un intérêt saisissant et une émotion profonde. C'étaient, pour le pèlerin et le voyageur étranger, autant de témoignages irrécusables attestant la vertu miraculeuse qui éclatait en ce saint lieu. Il y en avait de toutes les qualités et de toutes les formes ; depuis le vulgaire bâton et la simple canne, jusqu'à la paire de béquilles artistement rembourrée et perfectionnée selon les besoins de la pauvre infirmité humaine ; la plupart portaient les traces visibles d'un pénible exercice et d'un long usage. Cette étrange et curieuse collection s'était formée peu à peu par une série de guérisons opérées et de grâces obtenues. On les voit encore en grande partie, rangés autour de l'autel, portant le nom de ceux qui les ont jadis déposés et qui peuvent aisément les reconnaître.

Outre la foule des visiteurs qui affluaient chez M. Dupont, il faut compter les personnes qui recouraient à lui par lettres et à qui, sur leur demande, il envoyait une certaine quantité d'huile de la sainte Face dans de petites bouteilles qu'il prenait lui-même la peine de ficeler et de cacheter, et que, le plus souvent, il envoyait accompagnée d'une lettre. On évalue le nombre de ces pieux envois à près de deux millions : ce qui peut donner une idée de la vaste correspondance que ce dévot adorateur de la sainte Face entretenait sur tous les points, en France et à l'étranger.

(1) Nous les avons racontés en détail dans la *Vie complète* et dans la *Vie abrégée* du serviteur de Dieu.

Nous voyons encore notre saint ami assis à son bureau ou agenouillé au coin de sa cheminée, les yeux et le visage tournés vers l'auguste Image : il prie, il reçoit ceux qui se présentent, il inscrit leurs demandes ou leurs actions de grâces ; il expédie ses lettres et les petites fioles d'huile qu'on lui réclame. L'affluence des pèlerins et des malades est telle, parfois, que la petite cour d'entrée, le porche et les abords de sa maison, du côté de la rue Saint-Étienne, se trouvent encombrés de gens, de sacs de voyage, de véhicules de toutes sortes. Tous les malades ne sont pas guéris, et parmi ceux qui obtiennent leur guérison, plusieurs, quelque temps après, retombent dans leur ancienne maladie. Mais, pour les uns et pour les autres, une grâce plus grande et plus précieuse est presque toujours le fruit de leur entretien avec l'homme de Dieu. Ils s'en retournent édifiés, gardent de lui un souvenir qui, en diverses circonstances, leur fait du bien : ils l'avouent et le proclament eux-mêmes.

C'est qu'au milieu de cette affluence publique M. Dupont, sans le vouloir, sans le paraître, se faisait prédicateur et apôtre. «Pourquoi, disait-il à certains visiteurs, vous adressez-vous personnellement à moi ? Me prenez-vous pour un médecin ? Dieu seul peut vous guérir. Ayez la foi et priez. » Puis, abordant la question pratique : « Faites-vous vos prières soir et matin ? allez-vous à l'église ? vous confessez-vous ?» Avec le tact surnaturel et la vive et prompte intelligence dont il était doué, il appropriait ses questions et ses conseils au caractère et à la qualité des personnes. Qui pourrait dire le bien produit par ses entretiens et sa parole enflammée ? Que de pécheurs convertis ! Que d'incrédules, de protestants même, ramenés ! Que d'âmes éclairées et consolées !

Les foules se succédèrent ainsi pendant près de vingt ans. Durant la guerre d'invasion, le mouvement se ralentit. Dans les derniers temps, la visite des étrangers avait presque totalement cessé ; on ne venait plus qu'isolément. M. Dupont ne se montra ni étonné ni chagrin. « Dieu le permet ainsi, disait-il, parce que, si les foules venaient encore, je n'aurais plus la force pour les recevoir. » Le but, d'ailleurs, était atteint, et au delà de ses espérances. Sous l'influence de la sœur Saint-Pierre et grâce à lui, le culte de la sainte Face, non pas nouveau dans l'Église, mais adapté aux besoins du moment par une application nouvelle, a été, dans ce sens, popularisé et comme renouvelé parmi les fidèles de nos jours. Combien de chrétiens, de pieuses familles, d'ecclésiastiques de tous les degrés, de religieux et de religieuses de tous les ordres, professent et pratiquent aujourd'hui en l'honneur de la Face de Notre-Seigneur une dévotion dont jadis ils avaient à peine l'idée ! Que de prières ferventes, d'hommages de foi et d'actes réparateurs en ont été la suite ? Et dans l'avenir, qui peut prévoir et calculer, au point de vue de la réparation, les heureuses conséquences de la mission exceptionnelle que M. Dupont a si longtemps et si saintement exercée au milieu de nous ?

VIII. — Mort de sa Mère.

M. Dupont était dans la soixante-troisième année de son âge et la onzième de son dévouement spécial au culte de la sainte Face. Il avait eu jusque-là le bonheur de conserver sa mère. Cette excellente dame était restée avec lui depuis les épreuves qu'il avait eu à subir dans sa jeunesse à la suite d'un second mariage, et elle trouvait auprès de ce cher fils, surtout depuis la mort d'Henriette, toute sa joie et sa consolation.

C'était, au dire de tous ceux qui l'ont connue, une femme très vertueuse, d'une fervente piété. Sauf la visite des églises, elle sortait peu ; la plus grande partie de son temps était employée à confectionner des vêtements pour les pauvres. Son fils l'entourait de vénération et d'égards, ne faisait rien dans sa vie domestique sans la consulter, et s'en reposait volontiers sur elle du soin de sa maison. Sachant comme elle était sensible et impressionnable, il usait d'une délicatesse extrême et d'une attention continuelle pour ne pas la contrarier ou la contrister en quoi que ce soit. A cause d'elle, il était d'une exactitude rigoureuse pour les heures des repas, craignant toujours de la faire attendre. Quand il rentrait le soir, il allait, avant tout, se présenter à elle pour lui ôter tout sujet d'inquiétude. Ses prévenances filiales se manifestaient de toute manière et à tous les instants, dans les mille détails de la vie de famille.

Cette digne mère, de son côté, appréciait les qualités et les vertus de son cher Léon, et elle l'aimait très tendrement. Elle veillait sur ses besoins matériels et sur sa santé avec une sollicitude qui allait parfois jusqu'à l'excès et que M. Dupont n'en respectait pas moins par un sentiment de parfaite et entière obéissance. On l'a vu quelquefois, à table chez lui avec des étrangers, au moindre signe de sa mère, s'abstenir de certains mets qu'elle se persuadait devoir lui être nuisibles, et les renvoyer sur son assiette sans y avoir touché. En tout le reste, d'ailleurs, Mme d'Arnaud laissait son fils parfaitement libre. Loin de le gêner dans ses goûts de charité et de bonnes œuvres, elle aurait plutôt pris à tâche de le favoriser, et souvent elle s'y associait volontiers. Nous en citerons un exemple touchant. Un jour M. Dupont et sa mère reçurent la nouvelle qu'un ami, nullement leur parent, venait de subir un revers désastreux pour son honneur et sa fortune. Tous les deux, aussitôt, instinctivement et sans se consulter, eurent la pensée de lui venir en aide par un don généreux, et il se trouva que l'un et l'autre avait, chacun de son côté, fixé la somme de 10,000 francs. Ils vécurent ainsi ensemble jusqu'en 1860. Au milieu de ses œuvres pies et de ses occupations multiples, le serviteur de la sainte Face ne cessait d'entourer sa mère de soins attentifs et de toutes les marques d'une filiale tendresse. Mais l'heure approchait où Dieu allait lui imposer le sacrifice de la séparation.

Voici les détails édifiants que M. Dupont, huit jours après, donne lui-même sur cette séparation douloureuse : « Ma digne mère, écrit-il, a eu la mort la plus douce dont on puisse se faire une idée. J'ai eu le devoir de lui dire que l'éternité s'approchait, c'était vers deux heures du matin : « Je crois, me répondit-elle, que je vais « bientôt mourir ! Eh bien, je n'ai pas peur ! » — Et ce mot était dans sa bouche une grande chose, puisque durant sa vie entière, ma mère a été sous une vive impression des jugements de Dieu. Elle était souriante, le cœur plein de charité, les plus ardentes prières sur les lèvres. Après l'*Angelus*, que nous récitâmes ensemble, le pouls baissant de plus en plus, je pris le courage de faire entendre à ma mère qu'elle approchait de son agonie, et cette fois encore elle me dit avec un pieux sourire : « Tu crois que je vais entrer en « agonie ! » et, levant ses mains, elle dit tout haut : « Jésus, mon Sauveur, venez ! »

« Comment dire ce qui s'est passé pendant cinq heures au milieu d'une contemplation de l'heureuse éternité ? Elle est morte après une agonie d'une minute seulement. Je n'eus que le temps de placer sa main sur mon front pour recevoir sa dernière bénédiction ; puis, quand je retirai cette main pour la baiser…, je vis que les yeux étaient naturellement fermés ; elle était, dans toute la rigueur de l'expression, plongée dans un doux sommeil. »

Rien de plus chrétien et de plus beau que la manière dont un tel fils accueillit la mort de sa mère. Pendant plusieurs mois, il en parle dans toutes les lettres qu'il écrit. A chaque ligne, au milieu de la plus vive douleur et des plus tendres regrets, il laisse percer les sentiments surnaturels dont il est pénétré.

Il se fit un devoir de remercier tous ceux de ses amis « qui avaient prié pour sa bonne mère », et il le fit avec l'effusion de son âme. Un pèlerin de Notre-Dame de Sénanque avait appliqué à Mme d'Arnaud les mérites de son pèlerinage. — « Je vous remercie, lui dit-il, de la part que vous m'avez donnée sur les trésors de Notre-Dame de Sénanque. Ma mère se sera probablement enrichie, sans se douter de rien, au moment même où la mort allait lui arriver. » — « Je vous remercie, écrit-il encore, ainsi que Mme X... et les autres bonnes âmes qui ont offert la communion pour ma pauvre mère. » — Il avoue que la pensée de sa mère ne le quitte pas : « Et en même temps, dit-il, elle ne me cause pas de distraction quand il s'agit d'affaires. La mort lui est arrivée d'une manière si douce que mon cœur ne peut pas se détacher de cette bénie scène de séparation. »

Ce souvenir lui fait du bien, et, à l'exemple de sa mère, il veut se pénétrer de plus en plus de la crainte du Seigneur : « Il est bien hors de doute, dit-il, que ma mère a été comblée de grâces dans ses derniers moments, et d'une telle façon qu'elle a quitté ce monde avec un sentiment visible de joie douce et sereine. Ce qu'on lisait sur sa figure et dans ses yeux n'était autre que l'expression du bonheur. Quel bel exemple à suivre ! Pour viser à suivre ses pas, j'ai besoin d'un grand secours de la grâce. Cela m'a inspiré l'invocation que j'ai mise au dos de la Bénédiction de saint François. (Une invocation pour avoir le don de crainte.) Nous la disons en commun, mes domestiques et moi, tous les soirs. La « crainte du Seigneur » est bien cette perle précieuse à l'acquisition de laquelle il est à propos de vendre tout ce qu'on possède. »

La mort de Mme d'Arnaud n'affaiblit pas en M. Dupont les liens de dévouement et d'affection qui l'attachaient à son pays natal et aux membres de sa famille. Depuis qu'il eut quitté la Martinique, le fidèle créole ne cessa pas d'entretenir des relations avec cette colonie, terre chérie de sa naissance, que Christophe Colomb, en la découvrant, avait consacrée par le nom de saint Martin. Il en parlait souvent, et toujours avec plaisir et avec éloge ; il vantait les produits de son industrie et la fertilité de son sol ; il ne tarissait pas sur ce chapitre, surtout quand il se rencontrait avec des hommes compétents et instruits : c'était à peu près la seule digression profane qu'il se permît dans ses pieux entretiens. Les désastres qui survenaient de temps en temps dans cette contrée émouvaient douloureusement son âme ; il était un des premiers de la mère patrie à envoyer des secours ; il en sollicitait auprès de ses amis ; il proposait et encourageait des souscriptions.

Ces charitables sentiments se portaient sur tous ceux qui, à quelque degré, lui étaient unis par les liens du sang. Parmi eux, il n'y a qu'une voix touchant les qualités aimables et les hautes vertus de leur bien-aimé parent. A l'époque où il avait le plus de loisirs, il allait volontiers passer chez eux, à la campagne, des jours de repos et de délassement. Et comme il était heureux à son tour de les accueillir chez lui, soit isolément, soit en famille, et de leur donner une franche et cordiale hospitalité ! Sa maison devenait la leur ; nul d'entre eux ne devait passer à Tours, fût-il lui-même présent ou absent, sans venir, selon sa convenance, y prendre ou sa nourriture ou son logement. Il les recevait d'une manière amicale et joyeuse ; avec eux il était gai, ouvert, souriant ; avec eux aussi il ne changeait rien de ses exercices de piété et de la nature de ses conversations. C'était toujours l'homme de foi et l'homme de la prière ; les intérêts de la famille et les convenances de parenté ne le sortaient pas du milieu surnaturel où il vivait d'habitude.

Parmi les membres de sa famille, il comptait les enfants que l'adoption spirituelle lui avait fait tenir sur les fonts du baptême, et ils étaient en grand nombre. Il en portait le chiffre à quarante. Quand on lui parlait quelquefois de certains de ses filleuls : « C'est un de mes quarante, » disait-il. Ils appartenaient aux divers rangs de la société ; car, à l'exemple de la bienheureuse Marie de Maillé (1), il se prêtait volontiers à faire l'office de parrain pour être agréable à un ami ou pour obliger un étranger. D'autres fois, il arrivait que les prêtres de la paroisse ne pouvaient trouver personne pour répondre au nom d'un enfant pauvre et délaissé ; ils s'adressaient à M. Dupont, qui acceptait avec plaisir. Ce choix était un honneur à ses yeux ; et il prenait à cœur de remplir tous les devoirs et de s'acquitter de toutes les charges, parfois onéreuses, que son titre de parrain lui imposait.

IX. — Ensemble de ses vertus.

Nous caractériserons la vertu de M. Dupont en disant que ce grand chrétien, dans sa conduite et dans toutes ses œuvres, ne s'est jamais départi du vrai esprit d'humilité et d'abnégation. Toujours il cherchait à s'effacer, à ne paraître en rien, rapportant à d'autres causes, avec une sincérité parfaite, les grâces miraculeuses qu'on attribuait à son intervention et à ses prières. L'égoïsme, la vanité, l'intérêt personnel n'avaient pas de prise sur lui. Le moi humain lui faisait horreur. « Gloire et honneur à Dieu seul ! » telle était sa devise favorite ; et il répétait souvent ce mot du Psalmiste : « Donnez gloire, Seigneur, non pas à nous, mais à votre Nom : *Non nobis, Domine, non nobis, sed Nomini tuo da gloriam.* » Affable et gracieux envers tous, il montrait de la froideur et presque de la mauvaise humeur à

---

(1) Vie de la Bienheureuse Marie de Maillé, par MM. Bourassé et Janvier, livre IV, chap. V.

ceux qui venaient à lui, occupés de sa personnalité, et s'évertuaient à lui témoigner de l'estime.

Poli, d'ailleurs, et naturel dans ses manières, sans affectation ni prétention aucune, d'un tour d'esprit juste, vif et enjoué, d'une conversation agréable et facile, il joignait à une tenue grave et à un extérieur imposant un air de distinction et de noblesse qui rappelait volontiers l'ancien magistrat des Antilles.

Mais le surnaturel était son élément et sa vie. Il voyait toutes choses en Dieu et du point de vue de la foi. Ce que l'écriture a dit de Moïse, on pouvait le dire de lui : « Il semblait voir l'invisible : *Quasi invisibilem videns.* » Aussi quelle que fût, soit en politique, soit en toute autre chose temporelle, la péripétie des événements, il trouvait sujet de louer Dieu et de bénir sa Providence. Certaines coïncidences de personnes, de lieux ou de dates, qu'il se plaisait à remarquer, lui ouvraient comme de lumineux horizons et lui faisaient voir un monde de grâces et de merveilles qui jetaient son âme dans le ravissement de la reconnaissance et de l'admiration.

Sa foi était bien de la nature de celle dont parle Notre-Seigneur dans l'évangile, la foi qui ne doute pas et n'hésite jamais, la foi à transporter les montagnes. Aussi, après l'avoir entendu parler ou l'avoir vu prier, on n'avait pas lieu de s'étonner qu'il servit d'organe à la puissance divine auprès des pécheurs et des malades. Il ne voulait pas qu'en priant, pour obtenir même un miracle, on exprimât un doute, une défiance, une crainte quelconque. Si la grâce demandée n'était pas obtenue, il l'attribuait à l'imperfection de la foi.

Un jour, une jeune personne de Notre-Dame-la-Riche, ayant un mal de pied qu'elle avait refoulé et dont l'enflure était énorme, se fit transporter chez M. Dupont. On se mit en prières. La jeune demoiselle exprimait tout haut son désir et le but qui l'amenait devant la sainte Face, disant à Dieu que « si c'était bien son bon plaisir et sa volonté, elle le priait de lui accorder sa guérison. » M. Dupont, l'entendant, la reprit doucement. « Ce n'est pas ainsi, lui dit-il, qu'il faut prier... Vous n'avez pas la foi !... Dites à Dieu d'une manière plus affirmative : Seigneur, guérissez-moi !... Si vous voulez être guérie, il faut commander au bon Dieu. — Oh ! c'est trop fort, répartit la malade ; je ne puis pas commander à Dieu. — Eh ! vous n'avez pas la foi, reprit M. Dupont : il faut dire : « Je veux être guérie ! guérissez-moi !... » Il faut en priant avoir une confiance illimitée et ne pas hésiter. — « O mon Dieu, disait la pauvre jeune personne, il me semble pourtant que j'ai la foi ! » S'excitant elle-même et faisant effort, elle se mit à prier de nouveau. Elle put alors constater une certaine amélioration, et elle revint chez elle à pied, quoique très difficilement. Encouragée par ce mieux inespéré et se reprochant intérieurement son peu de foi : « Mon Dieu, disait-elle, c'est vrai, j'ai trop douté de votre puissance et de votre bonté à mon égard... Je le sais, vous pouvez et vous voulez me guérir ; je vous demande cette grâce ! donnez-la moi, Seigneur, donnez-la moi !... » — Elle alla de nouveau chez M. Dupont, et en revint radicalement guérie. L'homme de Dieu avait su élever la foi de cette personne au niveau de la sienne, de cette foi dont Notre-Seigneur a dit : « En vérité, je vous le déclare : Si, en priant Dieu, vous dites avec foi à une chose de se faire, la chose se fera ! »

En racontant le grand nombre de miracles dont il se disait le témoin ou ceux qui parvenaient de divers côtés à sa connaissance, il ne paraissait étonné que d'une chose, c'est qu'il ne s'en fît pas encore davantage, tant il avait un vif et haut sentiment non-seulement de la toute-puissante bonté de Dieu envers les hommes, mais aussi du besoin spécial qu'ont les hommes aujourd'hui d'obtenir des grâces miraculeuses de la part de Dieu.

Son amour et son respect pour la sainte Écriture surpassaient tout ce qu'on peut dire. Il la lisait et la relisait sans cesse, et ne tarissait pas dans les ingénieuses interprétations qu'il en faisait et qu'il appliquait aux temps actuels avec autant d'esprit que d'opportunité. On pouvait voir sur sa table de travail, élevée sur un grand pupitre à hauteur d'homme, une vieille bible in-folio, toujours ouverte, devant laquelle une lampe brûlait nuit et jour comme devant le saint Sacrement, et qu'il allait consulter sans cesse pour y méditer la parole de Dieu et en faire le sujet de ses entretiens. Aussi paraissait-il la savoir tout entière par cœur, tant il était prompt à la citer textuellement et à tout propos. Ses études assidues, sa foi vive et perçante, et aussi l'onction du Saint-Esprit, lui en révélaient le sens caché. Du rapprochement qu'il aimait à faire entre le Nouveau et l'Ancien Testament, jaillissaient des traits de lumière, de piquants aperçus et quelquefois d'admirables pensées qu'on eût dit empruntées à un pieux exégète ou à un Père de l'Église.

Sans être théologien ni savant, il avait à tel point le sens catholique et le tact surnaturel, qu'il saisissait du premier coup et par intuition le côté vrai ou faux d'un fait doctrinal ou d'un enseignement religieux, s'attachant d'ailleurs, par un invincible attrait et avec un filial amour, à tout ce qui venait de l'Église et du Saint-Père. De même qu'il ne ménageait pas aux principes de la Révolution et aux coryphées de l'impiété les termes de son indignation et de son mépris, il ne dissimulait pas non plus son antipathie et sa défiance à l'égard des opinions plus ou moins controversées qui n'avaient pas le complet assentiment de Rome.

Il ne parlait jamais que de Dieu. « Il faut parler de Dieu ou se taire, » était une de ses maximes favorites. Si on l'entretenait sur tout autre sujet, il laissait la conversation languir, faisant assez voir qu'il la regardait comme un entretien insipide et un temps perdu. Il était ingénieux à ramener les moindres incidents aux idées surnaturelles et célestes. Parfois, sur un texte de l'Écriture ou un sujet de piété, il s'oubliait volontiers avec ses amis en ravissantes et intarissables causeries.

Il n'y avait rien de frivole et d'inutile dans sa journée. Tout ce qu'il disait, faisait et écrivait, avait trait au culte de Notre-Seigneur ou des saints, et à l'utilité du prochain. « Pendant de longues années, nous assure-t-on, régulièrement il se levait à trois heures du matin, hiver comme été, priait, méditait, allait tous les jours à la messe la plus matinale de son quartier, très souvent à celle de cinq heures et demie aux Carmélites, et y communiait à chaque fois. » De retour dans son cabinet, il y dépouillait une correspondance considérable que lui attirait de tout pays sa dévotion à la sainte Face, il écrivait une quantité de lettres qui, « toutes, nous dit un de ses amis, doivent être, comme celles que j'ai lues, des chefs-d'œuvre de foi et de confiance en Dieu (1) ; » puis il recevait durant la journée les pèlerins, inscrivait sur son registre de l'Adoration les personnes qui demandaient des prières ou des actions de grâces, lisait et méditait les saintes Écritures dans les intervalles de ces occupations. Enfin, quand arrivait trois ou quatre heures du soir, il sortait ordinairement pour se livrer à diverses sortes d'œuvres pies. Tant que la maladie ne le contraignit pas au repos, il visitait régulièrement, tous les dimanches au soir et souvent sur semaine, les Petites-Sœurs des Pauvres, ainsi que leurs vieillards, et les ouvrières du Vestiaire de Saint-Martin. Durant ces visites, il ne parlait que de Dieu, des livres sacrés et des saints, constatait les besoins des pauvres, y subvenait par des dons le plus souvent en nature, et mettait tout le monde en gaieté, les sœurs par ses pieux colloques, et les pauvres par ces douces gâteries qui réjouissent le cœur en faisant plaisir à l'estomac. Aussi, dans ces deux maisons, dont il était la providence, ne l'appelait-on jamais que le « bon père Dupont ». Mais tous sa-

---

(1) Nous avons cité les plus belles, et en grand nombre, dans l'histoire de sa *Vie*.

vaient qu'il ne fallait jamais le remercier, sous peine de le mettre en mauvaise humeur. — Telle est l'esquisse fidèle de chacune de ses journées pendant les vingt dernières années de sa vie, tracée d'après le rapport de ceux qui l'ont le plus connu et fréquenté.

X. — Ses charités.

A quelles œuvres de bienfaisance et de charité cet ami de Dieu et du prochain n'a-t-il pas contribué par ses aumônes ? Il donnait abondamment, généreusement, par 5 et 10,000 francs à la fois, le plus souvent d'une manière anonyme et secrète, pratiquant le conseil de l'Évangile : « Que votre main gauche ignore ce que donne votre main droite. » Ses domestiques eux-mêmes ne savaient rien de ses charités. Il y consacrait régulièrement chaque année tous ses revenus et au delà, en sorte que sa fortune, pour la plus grande partie, s'écoula en bonnes œuvres. Il ne refusait jamais un pauvre, quel qu'il fût et dans quelque moment que ce fût, même le plus inopportun. Il donnait jusqu'à son linge et ses vêtements les plus nécessaires. Sa domestique voyait souvent les chemises disparaître l'une après l'autre. Quelquefois, ainsi qu'elle le raconte, il rentrait ayant son pantalon déchiré. « Monsieur, lui disait-elle, pour qu'on le raccommode, il faudra vous mettre au lit ; car il n'y en a plus d'autre. » Et il se mettait au lit.

Ses charités, d'une variété inépuisable, étaient faites avec délicatesse et modestie. Lorsqu'il faisait un don ou une aumône, on aurait dit qu'il se croyait l'obligé. Il était attentif à saisir les circonstances et à remarquer les besoins. C'est ainsi qu'en certaines communautés religieuses, aux jours de leurs fêtes de famille, prises d'habit, professions ou solennités particulières, il leur envoyait gracieusement un petit secours, afin d'y contribuer en quelque chose.

Chaque semaine il recevait chez lui la commission administrative du Vestiaire de Saint-Martin, dont il était président. Cette fonction n'était pas pour lui une sinécure. « Si le trésorier de l'Œuvre, nous dit-on, en présentant ses comptes, révélait son embarras pour payer les notes des fournisseurs, ce qui arrivait souvent, on était sûr que le lendemain ces notes se trouvaient acquittées... par un inconnu. »

Il s'était fait une habitude de visiter à domicile les malades pauvres, y compris ceux de la Société de Saint-Vincent-de-Paul, dont il fut, à l'origine, un des membres les plus assidus ; il priait les médecins de lui faire connaître les plus nécessiteux et les plus délaissés, et les soignait volontiers de ses propres mains.

Quelqu'un de ses amis ou de ses connaissances était-il affecté de douleurs, il lui proposait, avec l'autorisation du médecin, de lui appliquer lui-même ses « ventouses soufrées », opération qu'il pratiquait avec la plus grande dextérité et souvent avec le plus brillant succès. Nous disons « ses ventouses », par la raison que la grandeur inusitée de ses verres et l'application de la vapeur de soufre à cette opération étaient véritablement de son invention. Il offrait, du reste, de remplir ce charitable office avec tant de bonne grâce et de cordialité, il était si heureux de le voir accueillir, qu'on eût craint de lui causer de la peine en le refusant.

Combien il aimait à rendre service et à faire plaisir ! Et les services qu'on lui rendait à lui-même, comme il savait largement les payer de retour ! Dans la dernière maladie de M. le chanoine Pasquier, son confesseur, on le vit lui donner des soins pénibles et humiliants qui auraient répugné à un infirmier. Après le dernier soupir de ce saint ami, il se tint discrètement à l'écart ; mais il reporta sur son œuvre de l'Orphelinat l'affection et la reconnaissance qu'il lui avait vouées. Les petits orphelins de M. l'abbé Verdier, son successeur, ont toujours eu dans M. Dupont un bienfaiteur et un père.

Sans être prêtre, il avait la tendresse du bon pasteur et le zèle ingénieux de l'apôtre. On aurait pu dire de lui, comme de Notre-Seigneur et dans le même sens, « qu'il était l'ami des pécheurs ; » il avait pour eux des préférences, des attentions qui indiquaient assez son ardent désir de les convertir et de les sauver. Il se faisait volontiers « serviteur du père de famille, allant par les rues et les chemins déserts, cherchant la brebis égarée pour la ramener au bercail ». En voici un exemple.

Comme sa charité prévoyante s'étendait à tout, on le voyait souvent le soir, en rentrant chez lui et en traversant les rues, s'occuper à ramener dans leur chemin et à diriger vers leur logis les gens égarés et attardés : c'étaient des enfants, des ouvriers, des étrangers au pays, quelquefois des soldats que l'heure du rappel pressait de se rendre et que l'ivresse arrêtait ou faisait chanceler. Une fois son embarras fut grand. Il avait rencontré dans la rue, ivre et chancelant, un soldat très éloigné de sa caserne. Il se met à le sermonner, le pressant de se rendre en toute hâte, pour ne pas encourir la punition règlementaire. Comme celui-ci résistait à toutes les sollicitations, le saint homme, n'écoutant que son bon cœur, lui donne deux francs pour le déterminer ; mais, voilà qu'enchanté d'avoir à la main une pièce d'argent, l'ivrogne veut à toute force entrer dans le cabaret en face, « pour régaler, disait-il, son bienfaiteur ». A bout de raison et désolé, M. Dupont, de guerre lasse, s'adresse à un ami dont la maison était proche et le prie de lui venir en aide. C'était un ancien militaire, qui accoste le camarade et lui fait prendre bon gré mal gré le chemin de la caserne. Le serviteur de Dieu l'engagea à le suivre, pour veiller à sa rentrée et le recommander à la bienveillance des chefs. Il ne s'en tint pas là. Le lendemain, plein d'intérêt pour son client, il revint s'informer comment les choses s'étaient passées, et il témoigna sa joie de savoir que la peine infligée n'était pas grave. Le résultat de sa sollicitude et de ses démarches fut que le soldat, retourné à son bon sens et sachant la charité dont il avait été l'objet, se corrigea de son défaut et devint un bon chrétien.

Il visitait aussi les prisonniers, chez lesquels il parvenait quelquefois à ressusciter le sens moral, en leur parlant de leurs crimes avec des expressions véhémentes, même rudes et énergiques, autant qu'elles étaient charitables et appropriées à leurs besoins.

Fréquemment il donnait l'hospitalité aux étrangers. Parfois, à l'heure du dîner, il en amenait à sa table jusqu'à cinq et six, prêtres, religieux, pèlerins, qu'il avait rencontrés et recueillis. Prise au dépourvu, Mme d'Arnaud, sa mère, ne pouvait s'empêcher de lui dire : « Au moins, Léon, tu devrais bien me prévenir une demi-heure à l'avance ! » Mais les hôtes n'avaient point à en souffrir, et Léon, incorrigible, continuait à suivre les inspirations de son cœur hospitalier.

Ces attentions délicates et généreuses se retrouvaient dans les rapports qu'il avait avec les ouvriers. Il cherchait à leur faire plaisir et ne négligeait aucun des services qu'il pouvait leur rendre. Quand la chapelle provisoire de Saint-Martin fut terminée, il y avait une vingtaine d'ouvriers de tous les corps d'état qu'on avait employés activement pour ce travail pressé et qui avaient fait preuve de bonne volonté. M. Dupont, voulant les flatter et leur ménager une agréable surprise, leur fit dire une messe qui les réunit tous, et après laquelle « un café » leur fut généreusement offert, le tout par ses soins et à ses frais. En ces rencontres, il payait libéralement, mais il paraissait à peine, ne disait rien, et sans affectation aimait à s'effacer. Il agissait avec cette libéralité, non pas simplement par convenance et délicatesse, mais par des vues élevées et une intention surnaturelle, voulant employer tous les moyens pour rapprocher les âmes de Dieu et leur faire, autant qu'il le pouvait, un bien spirituel et solide. Car, dans toutes ces avances charitables auprès des ouvriers, il n'envisageait qu'un but: celui de les attacher à la religion et de gagner leurs âmes. Il avait l'art d'y réussir et de les attirer. Il est dans notre ville tel entrepreneur, tel ouvrier qui se serait mis en quatre et jeté au feu pour lui, et dont, à l'occasion, il aurait pu tout obtenir.

XI. — SES PRATIQUES DE PIÉTÉ ET SES RELATIONS.

On peut donc le dire en toute vérité, M. Dupont a été l'homme des trois vertus théologales. La foi, l'espérance et la charité, à un degré héroïque, possédaient son âme. Pour compléter le tableau, il convient de le nommer aussi l'homme de la prière et de la vie intérieure. Son oraison était continuelle ; rien au monde ne pouvait séparer et distraire sa pensée de Dieu ; on voyait bien qu'il ne perdait jamais de vue sa présence. Pendant plusieurs années, il récita par dévotion le bréviaire comme les prêtres. Après l'Évangile et les Psaumes, dont il faisait le sujet ordinaire de ses méditations, il n'y a pas de livre qu'il ait eu l'habitude de lire et de méditer autant que le paroissien. Il en avait un latin et très complet, qu'il mettait dans sa poche et portait toujours sur lui. Le paroissien était pour lui ce qu'il devrait être pour tout chrétien pieux et éclairé, son *vade-mecum*, son livre habituel de prière. Il y puisait aussi la meilleure interprétation et le plus sûr commentaire des paroles de l'Écriture sainte par l'application que l'Église en fait selon les différentes phases de l'année.

Outre l'office liturgique, son amour de la prière embrassait encore la variété des formes données par la piété à ce saint exercice. Toute dévotion portant l'approbation de l'Église ou le cachet de l'Esprit de Dieu, devenait celle de M. Dupont, et il savait l'approprier à tous les événements et aux diverses circonstances de la vie.

La médaille de saint Benoît, entre autres, était de sa part l'objet d'un culte particulier et d'une confiance illimitée. Il avait l'habitude de la jeter partout où se faisait sentir le besoin d'une intervention divine ; et souvent cette pratique, jointe aux prières du serviteur de Dieu, a eu pour résultat d'arrêter la malice des démons ou de changer la volonté des hommes. L'usage des médailles de saint Benoît a été un des puissants moyens dont il s'est servi dans les faveurs extraordinaires obtenues par sa foi ; on en trouve des exemples frappants dans un opuscule intitulé : *Origine et effets admirables de la médaille de saint Benoît* (1). Aussi la propagation de cette antique dévotion constituait-elle une de ses plus grandes joies ici-bas, après celle de la sainte Face.

Nous disons ses « joies » : son âme était réellement dans une joie continuelle, qui se reflétait sur son visage. Toujours calme, serein, égal à lui-même, il n'était jamais ébranlé par aucun événement. Ferme, confiant, assuré du secours divin, il habitait des régions plus élevées, où la tristesse et l'abattement ne se rencontrent pas. « Il n'y a que les païens qui sont tristes, disait-il. Quand par le baptême on a le bonheur d'avoir un père comme Dieu, on doit être toujours content ; les esclaves de Satan sont seuls malheureux et à plaindre. » — Sa pensée touchant les deux apparitions de la sainte Vierge, à la Salette et à Lourdes, est remarquable : « En 1847, dit-il, me trouvant sur la

---

(1) Brochure in-32. Se trouve à l'oratoire de la Sainte-Face. — En outre, on trouve une feuille intitulée : *Explications de la médaille de saint Benoît*.

sainte montagne..., j'insistai beaucoup pour savoir de Mélanie comment la très sainte Vierge tenait ses mains. *Elles étaient complètement cachées dans ses manches*, reprit l'enfant, en faisant un geste très significatif. Or, la main qui se cache ne donne pas... Mais quelques années plus tard, la très sainte Vierge se montre à Lourdes..., ouvre ses mains, se nomme triomphalement l'Immaculée-Conception, et demande, ce qu'on peut prendre pour un gage de paix, l'érection d'une église : toutes choses qui peuvent faire espérer un avenir meilleur. »

Son nom était connu partout et sa réputation immense. Un jour il arriva à la poste une lettre avec cette seule inscription : *Au saint homme de Tours*. Elle fut naturellement portée à M. Dupont. Quel prêtre de Touraine, dans ses plus lointains voyages, ne s'est pas vu tout à coup interpellé et pressé de questions sur M. Dupont et les merveilles de sa sainte vie ? Il recevait des lettres et des demandes de l'Angleterre, de l'Irlande, de la Pologne, de Constantinople, de l'Amérique, de Calcutta, de tous les pays du monde. Il ne passait point dans notre ville d'étrangers, un peu considérables par la vertu ou le zèle des œuvres, qui ne vinssent lui faire visite, s'agenouiller dans son oratoire et se recommander à ses prières. Il recevait tous ceux qui se présentaient, avec bonne grâce, d'un air grave et affable ; et il inscrivait modestement la demande de prière qui lui était faite, sur le registre des recommandations de l'Adoration nocturne.

Avait-il affaire à des incrédules, à des curieux, à des importuns ou à des flatteurs ? Toujours calme et maître de lui-même, il ne disait que ce qu'il voulait dire, sans sortir jamais des bornes de la discrétion et de la réserve, encore moins de la charité. « Pendant les vingt-huit dernières années de sa vie que je l'ai connu et pratiqué, nous écrit un de ses amis, je n'ai jamais entendu sortir de sa bouche contre le prochain seulement une parole de critique. Ce qui ne l'empêchait pas, à l'occasion, principalement quand quelqu'un tenait devant lui certaines conversations plus ou moins immorales ou blasphématoires, de faire respecter en sa personne la dignité du chrétien, dont il avait le sentiment au plus haut degré. Alors une sainte indignation imprimait sur son visage et donnait à son regard une expression si imposante de supériorité et de dédain, qu'elle déconcertait le plus audacieux et instantanément le réduisait au silence. C'est ainsi qu'à un certain personnage de ce genre il dit un jour en pleine figure : « Considérez, je vous prie, que je n'ai jamais gardé les pourceaux, pas plus avec vous qu'avec d'autres !... »

Il avait des relations intimes et directes avec toutes les âmes d'élite et les célébrités religieuses contemporaines. Il en eut notamment avec la Mère Marie-Thérèse, le Père Hermann, le Père Eymard, le capitaine Marceau. Charette vint chez lui pendant la guerre recevoir le drapeau qui, porté sur le tombeau de saint Martin, devait se couvrir de gloire à Patay (1). Dom Guéranger, le grand abbé de Solesmes, ne s'arrêtait jamais à Tours sans aller le visiter, et il sortait de ses entretiens toujours ravi d'admiration, tant il découvrait en lui de sûreté de foi et de doctrine, et de haute intelligence dans la vie surnaturelle et les choses de Dieu.

Son entrevue avec le curé d'Ars est remarquable et rappelle assez bien l'entretien de saint Dominique et de saint François d'Assise. M. Dupont avait fait le voyage d'Ars dans le but et l'espérance d'avoir un entretien avec le saint curé. Mais, comment l'aborder à travers la foule des étrangers rangés sur deux haies et se pressant sur son passage ? Tout à coup, le curé d'Ars aperçoit le

---

(1) On en voit le fac-similé dans l'oratoire de la Sainte-Face. On y a joint, depuis quelque temps, une statuette en bronze, représentant un zouave pontifical, ex-voto du général Charette.

pèlerin de Tours, qu'il ne connaissait pas, qu'il n'avait jamais vu. Il s'arrête, le contemple quelque temps d'un regard doux et profond, puis souriant, levant les yeux et joignant les mains : « O mon cher ami, lui dit-il, qu'il sera bon de nous trouver un jour dans le ciel et de chanter les louanges de notre Dieu ! — Il ne m'en fallut pas davantage, ajoutait gaiement M. Dupont racontant le fait : je m'en revins content, emportant avec moi la bonne parole du saint curé. »

XII. — SA VIEILLESSE ET SA MORT.

Dans les derniers temps, arrivé à près de quatre-vingt ans, le serviteur de Dieu ne prenait plus guère de part active aux bonnes œuvres ; mais on le savait là, priant continuellement, et l'on se sentait encouragé et soutenu par son doux souvenir et par l'efficacité qu'on attribuait à son incessante prière. Il nous semblait faire, à lui seul, l'effet d'un monastère, d'où la louange divine et le parfum de l'oraison s'élèveraient sans cesse vers le ciel. Sous le coup de la paralysie qui l'avait frappé dans tout le corps, ne pouvant plus sortir, il se trouva, sauf la communion qu'on lui portait chaque semaine, privé de ce qui faisait la grande consolation de sa piété et la joie de sa vie, l'assistance à l'auguste sacrifice de nos autels et la visite du saint Sacrement et des églises. Il ne s'en plaignit pas. Quelqu'un crut lui faire plaisir en lui proposant de demander l'autorisation d'avoir la messe célébrée dans sa chambre ; il s'y refusa, ne voulant pour l'usage de sa personne rien d'extraordinaire ni de particulier. Et même, par une de ces humbles délicatesses envers Notre-Seigneur qui lui étaient propres, il se refusait parfois à ce qu'on lui apportât aussi fréquemment la sainte Eucharistie, ne voulant pas, disait-il, obliger Notre-Seigneur et ses ministres à le venir visiter si souvent dans sa maison; il fallait alors user d'une ingénieuse et douce contrainte.

Bientôt, n'ayant plus même la liberté d'écrire ni de lire, cloué sur sa chaise, condamné à l'isolement et parfois à d'atroces douleurs et à de cruelles insomnies, il priait sans cesse, ne laissait échapper aucune plainte et se prêtait à tout avec mansuétude et sérénité.

Pour qu'il ne manquât rien à la perfection de son serviteur, Dieu permit à son égard le genre d'épreuve de la dernière heure qu'on lit dans l'histoire de saint Martin et de beaucoup d'autres grands saints. Le démon, que ce vaillant chrétien, armé de la médaille de saint Benoît et du glaive de la parole de Dieu, avait si énergiquement combattu et si malmené toute sa vie, sembla vouloir prendre une revanche au moment suprême.

Un jour, ceux qui l'assistaient s'aperçurent avec inquiétude que le pieux malade, habituellement si calme, était violemment agité et comme troublé par la vue d'un objet pénible et odieux. M. Dupont leur avoua que le démon le tourmentait : « Il me propose, disait-il, de me faire un cadeau, le misérable !... » Se rappelant alors le procédé de sainte Thérèse, à qui, pour mettre en fuite l'esprit malin, un peu d'eau bénite suffisait, il demanda qu'on fît sur lui une aspersion de cette eau sainte. Cela fut fait, et à plusieurs reprises, chaque fois que la tentation paraissait se renouveler. Après quoi, il recouvra victorieusement sa paix ordinaire, qu'il ne perdit plus.

Paralysé de tous ses membres, pouvant à peine étendre un peu la main gauche, il disait, en désignant ses mains et ses pieds : « Je suis cloué ! » Puis, levant les yeux au ciel et montrant son cœur, il ajoutait cette belle invocation qui lui était si familière et si chère : « Que j'expire altéré de la soif ardente de voir la Face désirable de Notre-Seigneur Jésus-Christ ! » Il reçut le sacrement de l'Extrême-Onction en pleine connaissance, suivant attentivement les formules liturgiques, qu'il savait par cœur, et y répondant avec beaucoup de calme et de présence d'esprit. Sa dernière parole fut pour réclamer le Dieu de l'Eucharistie, qu'il aimait tant à adorer et à recevoir. On voulait différer : « Non, dit-il, tout de suite, parce que cela sera agréable à Notre-Seigneur. » Son désir ayant été satisfait, il ne cessa de murmurer quelque prière, tantôt fermant les yeux, tantôt les ouvrant vers le ciel ; mais, dès lors, il ne prononça plus aucune parole intelligible. Aux prières des agonisants, lorsque le prêtre fut arrivé à ce premier verset du psaume CXVIII : *Beati immaculati in via, qui ambulant in lege Domini:* « Bienheureux ceux qui sont purs dans leur voie, et qui marchent dans la loi du Seigneur, » ce bon serviteur de Dieu se mit à sourire doucement, de cet angélique et paisible sourire qu'il avait lui-même jadis remarqué sur les lèvres de sa pieuse mère mourante.

Pendant son agonie, qui se prolongea près de huit jours, il témoignait de temps en temps par signe qu'il s'unissait aux prières qu'on ne cessait pas de faire auprès de lui. Immobile, couché sur le dos, les yeux fermés, le visage empreint d'une grande sérénité, il avait une respiration haletante, exprimant assez bien le sens de son invocation chérie à la sainte Face, que son cœur sans doute, à défaut de ses lèvres, répétait encore. Enfin, le samedi matin, 18 mars 1876, vers quatre heures, sans faire entendre aucun râle, sans ouvrir les yeux, il poussa trois grands soupirs à des intervalles assez longs, et il expira. Il avait soixante-dix-neuf ans (1).

Exposé pendant deux jours sur un lit funèbre, dans son oratoire, près de son image de la sainte Face, il fut

---

(1) La chambre mortuaire du serviteur de Dieu est située au premier étage, au-dessus de l'Oratoire. A toute heure les pèlerins peuvent la visiter et y prier.

visité par des milliers de fidèles des diverses classes de la société, qui avaient à cœur de contempler une dernière fois le visage de celui qu'ils appelaient « le saint homme », de faire toucher à ses mains des objets de piété, et de rendre un hommage suprême à sa dépouille mortelle. La couleur de ses traits avait peu changé ; son aspect n'inspirait ni douleur, ni tristesse, mais plutôt une douce émotion de joie et de confiance.

Ses obsèques furent une sorte de triomphe religieux, une de ces manifestations publiques, telles que l'influence de la vraie vertu a seul le privilège d'en produire. Le préfet d'Indre-et-Loire et les notabilités de la ville, les vicaires généraux et le chapitre métropolitain y assistaient. Comme aux jours de fête, la cathédrale était remplie. Dans cette foule immense, on voyait des fidèles de toutes les conditions et de tous les rangs, des prêtres, des religieux et des religieuses de diverses communautés, des représentants de toutes les associations de charité, des pauvres en grand nombre, les enfants de la maison des Orphelins, les veillards des Petites-Sœurs. C'est bien de ce grand chrétien, de ce bon serviteur de Dieu, de l'Église et des pauvres que l'on pouvait dire : « Bienheureux ceux qui meurent dans le Seigneur ; dès maintenant, dit l'Esprit-Saint, ils se reposeront de leurs travaux, car leurs œuvres les suivent. » (Apoc. XIV, 13.)

ŒUVRE DE LA SAINTE-FACE

XIII. — Oratoire de la Sainte-Face.

M. Dupont n'était plus. Mais, aux yeux des fidèles de Tours, un intérêt particulier s'attachait à cette demeure de la rue Saint-Étienne qu'il avait, durant quarante-cinq ans, habitée au milieu d'eux. Outre les merveilles de grâces opérées par le culte de la sainte Face, ils savaient que plusieurs faits importants, relatifs à leur histoire locale et à l'œuvre de Saint-Martin, s'y étaient accomplis. Il s'agissait de ne pas laisser tomber dans le domaine profane un lieu si intéressant et si précieux.

Pénétré de cette pensée, Mgr Colet, qui déjà dans une pièce officielle avait déclaré que M. Dupont était « décédé en odeur de sainteté », permit qu'on achetât sa maison et qu'on y établit un autel. Le salon du serviteur de la sainte Face fut ainsi immédiatement converti en chapelle publique. L'Archevêque en fit lui-même l'inauguration avec solennité, le 29 juin, fête de saint Pierre, et voulut y célébrer le premier le saint sacrifice de la messe.

Donnons une idée succincte de ce qu'est actuellement la chapelle de la Sainte-Face. Elle se compose d'une partie centrale qu'on appelle proprement « oratoire », et de deux chapelles latérales, l'une dédiée à Notre-Dame des Sept-Douleurs, l'autre consacrée à saint Pierre pénitent. L'oratoire proprement dit est formé de l'ancien salon de M. Dupont, y compris la salle à manger. La décoration en a été conçue de manière à bien exprimer pour le public ce que ce lieu fut autrefois. La suppression du mur de refend séparant les deux pièces a donné naissance à un motif d'architecture composé de pilastres isolés, unis par une balustrade : disposition empruntée à la chapelle Sixtine à Rome. L'autel, orné d'une statue de l'*Ecce Homo*, placée dans un enfoncement au-dessus du tabernacle, recouvre le marbre de la cheminée et la dalle où M. Dupont s'agenouillait au milieu des pèlerins. L'image de la sainte Face, enrichie d'un beau cadre, don des Mères chrétiennes de Tours, et entourée, comme d'une couronne, de nombreux ex-voto, est suspendue à droite dans la même place qu'autrefois, avec la lampe en cristal de M. Dupont, toujours allumée depuis 32 ans. A gauche, du côté de l'Épître, se déploie le drapeau du Sacré-Cœur, fac-similé du glorieux étendard qui conduisit les zouaves de Charette à la bataille de Patay. Tout auprès et du même côté, ouverte sur son grand pupitre et honorée comme autrefois d'une lampe perpétuelle, apparaît la sainte Bible, celle même dont M. Dupont se servait. Autour de l'enceinte intérieure, à l'instar de ce qu'on voit à Rome dans les chambres de saint Ignace et de saint Philippe de Néri, sont peintes sur la muraille de pieuses sentences et de touchantes inscriptions, rappelant les vertus du serviteur de Dieu et les principaux traits de sa vie (1). Ce qui parle plus vivement encore aux yeux et au cœur, ce sont des groupes de bâtons et de béquilles, rangés de chaque côté de l'autel, attestant les grâces de guérison jadis si miraculeusement obtenues.

Aujourd'hui, des grâces et des guérisons du même genre ne cessent point d'être accordées aux prières des pèlerins. Plus encore que du vivant de M. Dupont, son petit oratoire est le centre de visites, de supplications, d'œuvres saintement réparatrices. On y vient de toutes parts. Des diverses contrées de la France et, l'on peut dire, du monde entier, arrivent des demandes de priè-

---

(1) Ces Inscriptions ont été recueillies dans un opuscule orné de six photographies et d'un plan par terre : *Petit Album, Inscriptions, Vues et Portraits*, in-18. Se vend au bureau : 2 fr.

res, des recommandations pour toutes sortes de besoins spirituels et temporels. De temps en temps, de nouveaux ex-voto sont offerts par la reconnaissance et ajoutés à ceux qui entourent la vénérable image.

C'est ainsi qu'en 1878, une jeune personne d'Orléans, totalement percluse de ses mains et de ses pieds, a été parfaitement guérie, après avoir invoqué M. Dupont et prié sur son tombeau ; elle a pu venir elle-même déposer en action de grâces deux superbes béquilles qu'on voit avec les autres dans le sanctuaire.

Le 18 mars 1880, anniversaire de la mort de M. Dupont, une dominicaine de Chinon, percluse aussi de tous ses membres depuis huit ans, a été instantanément et radicalement guérie, au jour et à l'heure même où elle savait que le serviteur de Dieu avait rendu le dernier soupir.

Une jeune aliénée avait subi sans succès à Paris divers genres de traitements dans une maison de santé tenue par un médecin spécialiste. Elle a tout à coup recouvré sa raison durant une neuvaine de messes, de prières et d'onctions où M. Dupont était nommément invoqué.

Un habitant de la Haute-Alsace, âgé de trente-cinq ans, se sentait atteint au côté d'une énorme tumeur ntérieure ; une opération cruelle et très dangereuse était jugée nécessaire ; il fit des onctions d'huile avec invocation de M. Dupont, et s'engagea à faire un pèlerinage à son tombeau. Toute douleur et tout mal disparurent en quelques jours. Au mois d'août 1880, on le voyait entreprendre un long voyage, accomplir son vœu sur la tombe du serviteur de Dieu et demander une messe d'action de grâces à l'autel de la Sainte-Face.

Un peu auparavant, une vénérable dame de Rennes acquittait une promesse semblable. A la suite d'onctions d'huile de la sainte Face et d'invocations faites au nom de M. Dupont, elle avait recouvré l'usage de la vue, dont elle était presque entièrement privée.

Un petit garçon de douze ans, perclus de tous ses membres, ne se soutenant qu'à l'aide de deux béquilles, après une neuvaine de prières et une onction d'huile, s'est mis à courir tout seul dans la sacristie en disant : « Je suis guéri. » Dans le transport de sa joie, la mère s'écriait : « Je le donne à M. Dupont ! » Et l'enfant plein de santé fut, peu après, admis à la Sainte-Face comme élève et enfant de chœur.

Il serait facile de citer bien d'autres faits analogues, où apparaît l'intervention du serviteur de Dieu en faveur de ceux qui continuent de visiter avec foi son oratoire (1). Les plaques de marbre rose qu'on voit déjà couvrir en grand nombre le mur de la chapelle latérale de Saint-Pierre, en sont des témoignages irrécusables.

Ce qui n'est pas moins frappant, c'est l'attrait irrésistible, un attrait plein de suavité et d'onction, que ressentent les âmes dans ce saint lieu. Non seulement les simples fidèles de tout âge et de toute condition qui viennent y prier l'éprouvent; les prêtres, les religieux les plus accoutumés aux émotions des choses divines avouent hautement que ce petit sanctuaire a pour eux un charme, une grâce de paix qu'on a peine à trouver ailleurs et qu'ils attribuent au souvenir du grand chrétien dont il a été jadis la demeure. Il n'y a guère de prélats étrangers, d'ecclésiastiques éminents, qui, après avoir visité dans notre ville le tombeau de saint Martin, ne tiennent à venir à l'oratoire de la Sainte-Face prier ou célébrer la messe. On dirait qu'il y plane une influence céleste; un doux parfum de vertu et de vie intérieure s'en exhale. Tous s'en retirent délicieusement et vivement impressionnés. Ils répéteraient volontiers cette parole d'un pieux archevêque, Mgr Richard, qui, entré incognito, se laissait surprendre agenouillé au pied de l'autel et s'écriait en sortant, avec un accent d'émotion pénétrante: « Ah! vous avez là un petit sanctuaire bien dévot ! »

(1) Chaque mois nous les enregistrons dans nos *Annales de la Sainte-Face*, recueil mensuel fondé le 1er juillet 1882. On s'abonne à l'Oratoire, 3 fr. par an.

XIV. — Prêtres de la Sainte-Face.

A la demeure de M. Dupont ainsi transformée se rattachent deux œuvres dignes d'intérêt et pleines d'actualité, dont elle est le berceau et le centre providentiel : une Société de prêtres vivant en communauté et une Confrérie en l'honneur de la sainte Face. L'une et l'autre méritent d'être ici mentionnées.

La Société des prêtres dont il s'agit est, en quelque sorte, née de la circonstance, de l'œuvre même à laquelle ils se dévouent. Voici comment. Lorsque le digne successeur de saint Martin, Mgr Colet, transforma l'oratoire privé de M. Dupont en oratoire public et qu'il y autorisa solennellement le culte de la sainte Image si longtemps vénérée par le serviteur de Dieu, il conçut en même temps la pensée de réunir un certain nombre de prêtres appliqués à honorer la Face de Notre-Seigneur, et spécialement chargés de desservir l'oratoire et de se mettre au service des fidèles et des pèlerins qui viennent y prier. Il les établit sous le titre de « Prêtres de la Sainte-Face », comme il y a des Prêtres du Sacré-Cœur et des Prêtres du Saint-Sacrement. Il les constitua en communauté et les astreignit à une règle appropriée tout à la fois à la vie contemplative et à la vie active. Leur but, avant tout, est d'étudier, contempler, adorer eux-mêmes et faire connaître et adorer par les autres la très sainte Face de Notre-Seigneur Jésus-Christ, et de travailler ainsi à étendre, par tous les moyens possibles, ce culte salutaire et réparateur. Pour cela, logés et vivant dans la maison de M. Dupont, près de son oratoire, ils sont habituellement à la disposition de ceux qui se présentent, soit afin de leur donner les instructions et les explications nécessaires, soit pour les faire participer aux grâces du saint lieu dont ils ont la garde. Un registre est tenu par eux, sur lequel ils inscrivent les demandes de prières et les diverses recommandations qu'on leur confie. Ces recommandations sont lues deux fois le jour, le matin à 7 h. 1/2, après la messe principale de la communauté, et le soir à l'exercice de cinq heures. Chaque jour et à ces mêmes heures, on récite à haute voix, quoique d'une manière privée, les « Litanies de la sainte Face » (1), et l'on prie aux intentions des personnes recommandées. Le jeudi, une recommandation spéciale est faite en faveur des enfants et de la jeunesse des écoles.

Les Prêtres de la Sainte-Face s'appliquent aussi, soit par la prédication et l'administration des sacrements, soit par la correspondance épistolaire, à tout ce qu'exigent les besoins de l'œuvre. Ils expédient, sur la demande qui leur en est faite, de petites fioles d'huile, ainsi que le faisait M. Dupont, puis des livres, des feuilles de prières et autres objets de piété relatifs à la dévotion de la sainte Face ou à la mémoire du serviteur de Dieu. Ils prennent soin d'enregistrer, au fur et à mesure qu'ils en ont connaissance, les faits anciens ou nouveaux concernant les vertus, les miracles ou les actions de ce fervent chrétien.

A l'exemple de M. Dupont lui-même, qu'ils regardent comme leur premier fondateur et vénèrent comme un père, en attendant qu'il plaise à la divine Providence de leur permettre, par l'autorité de l'Église, de lui rendre un hommage plus élevé, les Prêtres de la Sainte-Face s'efforcent de propager l'usage de la médaille de saint Benoît, ainsi que la dévotion à la Vierge immaculée Mère des Sept-Douleurs, à saint Michel, à saint Joseph, à saint Pierre, à saint Martin et à saint Louis. Comme lui surtout, ils se dévouent au culte de la divine Eucharistie, pour laquelle ce pieux laïque professa constamment un amour si tendre et si éclairé. L'œuvre de

---

(1) Série de pieuses Invocations composées par la sœur Saint-Pierre, approuvées par l'Ordinaire et enrichies d'une indulgence par Pie X. On ouve au bureau, traduites en diverses langues.

l'Adoration nocturne, qu'il a créée à Tours, est placée sous leur direction et a son siège dans leur oratoire. Ils en président les exercices, disent la messe de quatre heures, font les allocutions du soir et les méditations du matin. L'adoration a lieu chaque semaine dans la nuit du mardi au mercredi, comme au temps de M. Dupont. Elle est suivie, le mercredi matin, d'une adoration diurne qui dure toute la journée et se termine le soir, à cinq heures, par une instruction et un salut en l'honneur du saint Sacrement. Il en résulte chaque semaine, dans l'oratoire de la Sainte-Face, une petite adoration perpétuelle d'une nuit et d'un jour, singulièrement appréciée par les fidèles de l'un et l'autre sexe et à laquelle, sans doute, le bon serviteur de l'Eucharistie sourit du sein de Dieu.

Pour les besoins du pèlerinage et le service des messes, les Prêtres de la Sainte-Face élèvent chez eux des enfants qu'ils forment à la piété et instruisent dans les lettres : sorte de petite école apostolique, faisant partie de l'Œuvre et pouvant lui donner des vocations sérieuses ; car en quel lieu ces vocations peuvent-elles mieux éclore et s'épanouir que sous le regard vivifiant de la divine Face de Jésus et les auspices du saint homme de Tours ?

Enfin, les Prêtres de la Sainte-Face, à titre d'auxiliaires diocésains, se prêtent volontiers, selon le besoin des circonstances et la mesure de leurs forces, à venir en aide dans l'exercice du ministère aux prêtres des campagnes qui se trouvent malades ou empêchés : humble service de charité et de dévouement que leur vocation leur assigne comme un but secondaire, et qui leur permet de mettre en pratique l'esprit de pénitence et de réparation dont ils doivent se pénétrer devant la douloureuse et compatissante Face du Sauveur (1).

(1) Pour avoir de plus amples renseignements sur la Société des Prêtres de la Sainte-Face et leur petite école apostolique, on peut s'adresser au Directeur de l'Œuvre.

XV. — Confrérie de la Sainte-Face.

Une Confrérie en l'honneur de la sainte Face ne tarda pas à être érigée dans l'oratoire de M. Dupont. Canoniquement affiliée à l'Archiconfrérie réparatrice de Saint-Dizier, elle a pour but général de réparer les blasphèmes, les profanations, l'impiété des sociétés secrètes et tous les crimes commis de nos jours contre les droits de Dieu et de la sainte Église. Mais ce qui lui donne un caractère distinctif, c'est l'objet divin qu'elle a en vue et dont elle se sert comme moyen pour atteindre son but, à savoir la Face de Notre-Seigneur Jésus-Christ outragée et défigurée dans sa Passion, à laquelle elle se propose de rendre par un culte spécial des hommages publics d'adoration et d'amour.

Les catholiques de tout âge, de tout sexe, de tout rang sont invités à en faire partie. Chaque associé, par le fait même de son admission, entend se dévouer pour la vie et pour la mort à la gloire de l'auguste Face du divin Réparateur. Il prend l'engagement de respecter lui-même, et autant que possible de faire respecter par ceux qui dépendent de lui, le très saint Nom du Seigneur et les jours consacrés à son service. Ce qu'il ne peut empêcher, il le répare au moins par des prières et des actes intérieurs, surtout par cette invocation : « *O Dieu, notre protecteur, regardez-nous, et jetez les yeux sur la Face de votre Christ.* »

Il doit porter sur lui habituellement, si c'est possible, comme signe d'honneur et de protection, une petite croix de confrérie, frappée à cet effet et où est gravée l'empreinte de la sainte Face, avec le *Vade retro, Satana*, et le *Sit Nomen Domini benedictum*. Un règlement en douze articles modifiés dans le même sens et accommodés à son usage, a été imprimé avec l'autorisation de l'Ordinaire, ainsi qu'un Manuel de prières contenant tout ce qu'il lui importe de connaître et de pratiquer pour être un associé fidèle et fervent (1).

Des confréries semblables, sœurs et imitatrices de celle de Tours, ne tardèrent pas à s'établir en différentes villes, notamment à Versailles, à Reims, à Laval, à Perpignan, à Montpellier, à Nancy, à Rodez, à Moulins, à Saïgon ; elles tendent de jour en jour à se multiplier et à s'étendre. On en compte en Belgique, en Angleterre, en Amérique. De toutes parts on sollicite la faveur d'avoir une image de la Face douloureuse, qui soit la représentation du voile de la Véronique et identique à celle qu'a vénérée M. Dupont. Les prêtres de la Sainte-Face se chargent d'en faire venir de Rome et d'en faciliter la propagande. Il serait impossible de calculer le nombre de ces pieuses effigies exposées en mille endroits, et presque toujours avec une lampe allumée devant elles. Il y en a dans les maisons particulières, dans les oratoires privés, dans les hospices et l'intérieur des communautés, dans les chapelles publiques, dans les églises paroissiales, dans les cathédrales.

Cet élan des âmes vers la Face miséricordieuse du Sauveur s'explique par l'état présent de la société et par la vue des périls qui la menacent. De nos jours, le blasphème, la violation du dimanche et le mépris de l'autorité de Dieu se produisent avec une audace effrayante : c'est une sorte de crime social qui provoque la divine justice et nécessite de publiques expiations. Le culte réparateur de la sainte Face s'offre à nous d'une manière aussi touchante qu'admirable. Montrons au Père céleste le visage de Jésus, son bien-aimé, tel qu'il était au jour de la Passion, meurtri, conspué, couvert de sueur et de sang ; disons-lui : « O Dieu, reconnaissez la Face de votre Fils unique, de celui qui est l'Image

---

(1) *Manuel de la Confrérie de la Sainte-Face*, etc., suivi du *Petit office du saint Nom de Dieu et d'exercices propres à la Réparation*, petit in-18 de 30 pages. Se trouve au bureau de l'Oratoire.

de votre bonté, la Figure de votre substance, la Splendeur de votre gloire. Il a souffert pour nous, il a expié nos ingratitudes et nos crimes ! — Et vous, miséricordieuse Face de Jésus, montrez ce que vous êtes, et nous serons sauvés ! »

A des besoins nouveaux il fallait un nouveau remède. En soi, la dévotion à la sainte Face n'est pas étrangère et insolite dans l'Église : saint Jérôme, saint Augustin, sainte Gertrude la pratiquaient de leur temps. Mais un rapport nouveau a été reconnu et signalé entre cette dévotion et les désordres de la société contemporaine. Il en est sorti une idée d'association nouvelle appropriée aux besoins du moment ; aussi entre-t-elle comme d'elle-même dans les âmes ; partout elle est accueillie avec confiance et succès. Jusqu'ici ce remède salutaire n'avait pas été remarqué et mis à profit. Peut-être ne le serait-il pas encore, sans les lumières communiquées à la sœur Saint-Pierre, sans le zèle dont M. Dupont a été dévoré pour les œuvres réparatrices unies au culte de la sainte Face. A ces deux saintes âmes, les premières, il a été donné de voir et de sentir ce qu'il y a de puissance et d'actualité dans ce moyen de salut ; après l'avoir mis eux-mêmes en usage, ils l'ont insinué aux autres. De là, une confrérie devenue populaire ; de là, les actes d'expiation dont nous avons parlé.

Le dernier mot, sans doute, n'a pas été dit sur ce sujet. Des hommes de Dieu, de graves théologiens n'hésitent point à assigner au culte de la sainte Face un rôle important dans l'avenir. Ils entrevoient, dans son développement, d'heureuses et magnifiques conséquences pour la sanctification des âmes et le triomphe de l'Église. Ils aiment à considérer ce beau culte, qui touche si intimement à tous les mystères de l'Incarnation et de la Rédemption du Verbe, comme le complément et le couronnement nécessaires de la dévotion au sacré Cœur. Ils croient que la sainte Face de Jésus, mieux connue, envisagée sous ses divers aspects de joie, de douleur et de gloire, contribuera à donner sur la divine personne du Médiateur une connaissance plus populaire et plus sensible, excitera pour elle un amour plus vif et plus tendre. Nous savons aussi que l'œuvre réparatrice de la Sainte-Face, telle qu'on la comprend et qu'on essaye de la pratiquer en France, exposée récemment et à plusieurs reprises à Sa Sainteté le pape Léon XIII, a obtenu ses paternelles bénédictions et ses précieux encouragements.

Excitons-nous donc à suivre la voie que le saint Homme de Tours nous a ouverte par ses modestes et fervents exemples. Élevons, comme lui, nos regards et nos cœurs vers cette antique représentation du voile de la Véronique qu'il a tant honorée. Même au point de vue de l'art, et sans parler de sa miraculeuse origine, elle a un aspect émouvant, bien propre à porter les âmes à la réparation (1).

« Personne, dit M. Dupont, n'ignore le respect dont l'Église, à Rome, entoure cette vénérable image. Chaque année, deux cardinaux, délégués à cet effet, donnent avec elle au peuple agenouillé la bénédiction comme on la donne avec le Saint-Sacrement et avec le bois sacré de la vraie Croix. Attestation authentique de la divinité de Notre-Seigneur Jésus-Christ, ce voile béni a été légué à l'Église comme une monnaie précieuse, marquée à l'effigie du Roi des rois, afin d'appeler sur le monde, sans cesse penché vers la ruine, les miséricordes du Seigneur. »

— « Les monnaies de la terre se marquent à l'effigie de leurs princes, afin de permettre aux royaumes d'avoir entre eux un libre échange de leurs produits. Pourquoi le royaume du ciel n'aurait-il pas aussi pour ceux de la terre une monnaie avec laquelle chacun pourrait acheter les biens éternels ? *O Dieu*, devrions-nous nous écrier

---

(1) Voir *Le Culte de la sainte Face à Saint-Pierre de Rome et en d'autres lieux célèbres, Notice historique*, broch. in-18. Se trouve au bureau de l'Oratoire.

souvent, *ô Dieu notre protecteur ! regardez nous, et jetez les yeux sur la Face de votre Christ.* »

Le serviteur de Dieu ajoute :

« Toute âme attachée à la sainte Église et avec elle au dogme de la divinité de Notre-Seigneur Jésus-Christ, devrait se faire une loi d'amour d'avoir chez elle, dans son petit oratoire, une image de la sainte Face de Jésus. Ah ! si cette belle dévotion pouvait régner sur tous les cœurs, nous verrions bientôt s'effacer jusqu'aux derniers restes de l'odieux blasphème qui a retenti de nos jours pour nier la divinité de Jésus-Christ. La dévotion à la sainte Face est assurément une marque de prédestination : car quelle âme, après avoir aimé et entouré d'honneur l'image qui représente cette Face sacrée, quelle âme ne serait assurée de l'aller contempler un jour dans les triomphes de sa gloire ? »

Voilà ce qu'écrivait celui à la mémoire duquel nous avons consacré cette Notice. Inspirons-nous des mêmes sentiments. Aimons, glorifions la sainte Face par nos prières et par nos œuvres. Portons-la sur nos poitrines, exposons-la dans nos maisons, arborons-la partout comme un étendard de salut. Qu'elle soit notre lumière et notre force pendant la vie, et que notre dernier soupir soit ce cri d'amour digne d'un prédestiné : « Que j'expire altéré de la soif ardente de voir la Face désirable de Notre Seigneur Jésus-Christ ! »

NOTIONS ET PROMESSES RELATIVES AU CULTE DE LA SAINTE FACE

Le culte de la sainte Face a pour but principal de rendre à la Face adorable de Jésus-Christ, défigurée dans la Passion, des hommages particuliers de respect et d'amour; de réparer les blasphèmes et la violation du dimanche, qui l'outragent de nouveau; enfin, d'obtenir de Dieu la conversion des blasphémateurs et des profanateurs du saint jour.

Cette touchante dévotion, que Notre-Seigneur semble avoir instituée lui-même le jour de sa mort, en imprimant miraculeusement ses traits ensanglantés sur le voile de Véronique, a toujours été connue et pratiquée dans l'Eglise. Le saint voile, conservé précieusement à Rome dans la basilique Vaticane, y est entouré d'honneurs et de marques de confiance. Plusieurs fois l'an, on l'expose à la vénération des fidèles. Les Souverains Pontifes ont accordé de nombreuses indulgences à ceux qui visitent pieusement cette insigne relique.

Plusieurs saints et saintes se sont distingués par leur piété envers la divine Face, et ont retiré toutes sortes de fruits de grâce et de salut; nous citerons entre autres le saint roi David, saint Augustin, saint Bernard, sainte Gertrude, sainte Mechtilde, et de nos jours, parmi les personnages morts en odeur de sainteté, la sœur Marie Saint-Pierre, carmélite de Tours, la mère Marie-Thérèse, fondatrice de la congrégation de l'Adoration Réparatrice, enfin le vénéré M. Dupont, l'infatigable propagateur du culte de la sainte Face. Cette dévotion a pris en ces derniers temps un développement considérable. C'est un souffle de l'Esprit-Saint qui semble passer sur tout l'univers catholique, c'est un remède providentiel offert au monde pour combattre les ravages de l'impiété et se prémunir contre les fléaux de la divine justice.

Les magnifiques et consolantes promesses de Notre-Seigneur, confirmées par une heureuse expérience, montrent combien le culte de la sainte Face est agréable à Dieu et utile à tous les chrétiens. Que de succès dans les affaires, que de lumières surnaturelles, que de conversions inespérées, que de grâces de choix obtenues par ce moyen! En particulier, que de guérisons merveilleuses opérées par la vertu de l'huile qui brûle constamment à Tours devant la vénérable Image!

Il est à remarquer que Notre-Seigneur, en aucune autre partie de son corps adorable, n'a souffert autant qu'en son aimable visage. Aucune circonstance de la Passion n'a été aussi clairement annoncée par les Prophètes, ni aussi minutieusement rapportée par les Evangélistes. Tous ces détails n'ont pas été consignés dans l'Ecriture sans un dessein particulier de Dieu. Ils nous exhortent éloquemment à donner, entre les différents mystères de la douloureuse Passion du Rédempteur, une place à part aux humiliations et aux douleurs de sa très sainte Face.

Chrétiens, qui avez à cœur la gloire de Dieu et le salut du prochain, honorez avec une profonde vénération, priez avec une confiance absolue la Face sanglante et humiliée de votre Sauveur. En réparation de toutes les impiétés du monde, offrez au Père éternel cette Face adorable avec ses tristesses, ses larmes, ses meurtrissures, ses plaies, son sang, ses ignominies. Par là, vous apaiserez la colère de Dieu, vous obtiendrez la conversion de vos frères égarés, vous contribuerez puissamment au triomphe de l'Eglise et au salut de la France, et vous participerez aux magnifiques récompenses que promet Notre-Seigneur :

1. « Ils recevront en eux, par l'impression de mon humanité, un vif éclat de ma divinité, et ils en seront éclairés au fond de l'âme, de sorte que, par la ressemblance de mon Visage, ils brilleront plus que beaucoup d'autres dans la vie éternelle. » (SAINTE GERTRUDE, *Insinuations*, liv. IV, ch. VII.)

2. Sainte Mechtilde demandant à Notre-Seigneur que ceux qui célèbrent la mémoire de sa douce Face ne soient jamais privés de son aimable compagnie, il répondit : « Pas un d'eux ne doit être séparé de moi. » (SAINTE MECHTILDE, *De la Grâce spirit.*, liv. I, ch. XIII.)

3. « Notre-Seigneur, » dit la sœur Saint-Pierre, « m'a promis d'imprimer dans les âmes de ceux qui honoreront sa très sainte Face les traits de sa divine ressemblance. » (21 *janvier* 1847.) — « Cette Face adorable est comme le cachet de la divinité, qui a la vertu de réimprimer dans les âmes qui s'appliquent à Elle l'Image de Dieu. » (6 *novembre* 1846.)

4. « Par ma sainte Face, vous ferez des prodiges. » (*Notre-Seigneur à la sœur Saint-Pierre*, 27 *octobre* 1845.)

5. « Vous obtiendrez par ma sainte Face le salut de beaucoup de pécheurs. Par cette offrande, rien ne vous sera refusé. Si vous saviez combien la vue de ma Face est agréable à mon Père ! » (22 *novembre* 1846.)

6. « De même que, dans un royaume, on se procure tout ce qu'on peut désirer avec une pièce de monnaie marquée à l'effigie du prince, ainsi, avec la pièce précieuse de ma sainte humanité, qui est ma Face adorable, vous obtiendrez dans le royaume des cieux tout ce que vous voudrez. » (29 *octobre* 1845.)

7. « Tous ceux qui s'appliqueront à honorer ma sainte Face en esprit de réparation, feront en cela l'office de la pieuse Véronique. » (27 *octobre* 1845.)

(*Extrait du Livret de Prières imprimé avec autorisation de Mgr l'Archevêque de Tours, en date du 26 août* 1876.)

TABLE

Aux amis de la sainte Face. 3

M. DUPONT

I. — Sa jeunesse. 5
II. — Son arrivée à Tours. 10
III. — Mort de sa fille. 13
IV. — Les Petites-Sœurs des Pauvres 17
V. — L'Adoration nocturne. 20
VI. — L'œuvre de Saint-Martin. 22
VII. — Le culte de la sainte Face. 25
VIII. — Mort de sa mère. 37
IX. — L'ensemble de ses vertus. 42
X. — Ses charités. 46
XI. — Ses pratiques de piété et ses relations . 51
XII. — Sa vieillesse et sa mort. 54

ŒUVRE DE LA SAINTE-FACE

XIII. — L'oratoire de la Sainte-Face. 58
XIV. — Les Prêtres de la Sainte-Face. . . . 62
XV. — La Confrérie de la Sainte-Face . . . 65
Notions et Promesses. 70

IMP. PAUL BOUSREZ, 5, RUE DE LUCÉ, TOURS

AVIS

AUX PÈLERINS DE LA SAINTE FACE ET A NOS CORRESPONDANTS

Messe : Tous les jours à 6, 7 et 8 heures.

Récitation des Litanies de la sainte Face, avec recommandations et ... : Chaque jour, le matin après la messe de 7 heures, et le ... à 5 heures.

Réunion mensuelle de la Confrérie : Le dernier dimanche du mois ... heures du soir ; instruction et salut.

Adoration nocturne : Toutes les semaines, du mardi soir, 9 heures ... demie, jusqu'au mercredi matin, 5 heures.

Adoration diurne : Tous les mercredis, de 5 heures du matin à ... heures du soir, terminée par un salut.

Chambre de M. Dupont : On peut la visiter à toute heure du jour.

Offrande de cierges : De 25 centimes à 1 franc.

Lampe allumée : Pour une neuvaine, 3 francs ; pour un mois, ... francs ; pour un an, 60 francs.

Huile de la sainte Face : On expédie par la poste dans une boîte ... ciale. Prix : 1 fr. 50 centimes.

Intentions de messe : Elles sont reçues et acquittées dans l'Ora... re, si on le demande. Honoraire : 2 francs.

Les chapelets, médailles de saint Benoît et autres, qu'on expédie, ... toujours les bénédictions et indulgences qui leur sont propres et ... les perdent point dans la distribution qu'on en fait.

Correspondance et lettres : Toutes doivent être affranchies et renfermer un timbre-poste si l'on veut avoir une réponse. Adresser ... M. le Directeur des Prêtres de la Sainte-Face, rue Saint-Étienne, 8, ... urs (Indre-et-Loire). — Les demandes d'objets doivent être écrites ... une manière *lisible, claire* et *précise*.

L'Oratoire est ouvert aux pèlerins étrangers tous les jours, depuis ... heures 1/2 du matin jusqu'à 6 heures 1/2 du soir. Deux confessionnaux sont mis à leur usage.

Les recommandations peuvent être envoyées par la poste ou ... rites au vestibule de l'Oratoire sur un cahier spécial. On invite ... tamment à signaler par écrit les grâces obtenues, et même à ... re placer des *ex-voto* en signe de reconnaissance.

EN VENTE AU BUREAU DE L'ORATOIRE

Vie de M. Dupont, par M. Janvier, 2 vol. in-12, 6 fr., franco	7
Vie de M. Dupont, édition populaire, 1 vol. in-12, 3 fr., franco.	3 50
Idem, traduit en anglais, 1 vol. 7 fr. 50, franco	8
Idem, traduit en italien, 1 vol. 3 fr., franco	3 50
M. Dupont et l'Œuvre de la Sainte-Face, notice, 4ᵉ édition	0 5
Vie de la sœur St-Pierre, par M. Janvier, 1 vol. in-12. 3 fr., franco	3 50
Notice sur la sœur Saint-Pierre et l'Œuvre reparatrice	0 4
Manuel de la Confrérie, 1 vol. in-18, br. 0 fr. 75; cartonné	1 2
Album de l'Oratoire, inscriptions, vues et portraits, in-18.	2
Culte de la sainte Face, Notice historique, par M. Janvier.	0 6
Image de la sainte Face avec authentique, grande	1 7
— — — moyenne.	1 2
— — — petite.	0 6
Médaille de la sainte Face, cuivre, la douzaine, de 0 30 à	3
— — argent, la pièce, de 0 50 à	5
— de Saint-Benoît, mêmes prix.	
Origine et effets admirables de la médaille de saint Benoît.	
Litanies de la sainte Face, Prières de M. Dupont, Notions sur le culte de la sainte Face (françaises, anglaises, espagnoles, allemandes, hollandaises) séparées, la feuille	0 0
Idem, la douzaine, 0 fr. 30; le cent.	1
Idem, ces trois feuilles réunies en un livret	0
Idem, la douzaine, 1 fr. 20; le cent.	6
Règlement de la Confrérie Réparatrice de la sainte Face	0
— le cent.	6
Amende honorable de la Confrérie, la feuille	0
— la douzaine, 0 fr. 50; le cent.	4
Croix de la Confrérie réparatrice de la sainte Face, en cuivre.	0
— — — br. ou bl.	0
— — — argentée.	0
— — — dorée	0
— — — en argent	4
Photographies de M. Dupont, de l'Oratoire, et de Sᵉ Véronique, carte	0
Idem, album.	1 f. et 1
Idem, grand format de 2, 3 et	4
Gravure de la sainte Face, avec prière au verso.	0
— la douzaine	1
— le cent.	8
Petites gravures de la sᵗᵉ Face, timbres-poste et autres, prix variés.	
Cantique à la sᵗᵉ Face, la feuille, 0 f. 05; la douzaine, 0 f. 30; le cent.	1
Petits sachets, la pièce	0
— le cent	10
Petits évangiles, en feuille, le cent	1
Cantique à saint Pierre pénitent, au Saint-Sacrement, au précieux Sang, à Notre-Dame des Sept-Douleurs, mêmes prix.	0
Chapelet de Notre-Dame des Sept-Douleurs (coco)	0
Chapelets et scapulaires divers, prix variés.	
Petit scapulaire de la sainte Face.	0
Petit chapelet de la sainte Face (coco).	0
(Manière de réciter ce chapelet, v. Manuel de la Confrérie).	
Annales de la Sainte-Face, revue mensuelle, par an.	3

Imprimerie PAUL BOUSREZ, rue de Lucé, 5, à Tours.

www.ingramcontent.com/pod-product-compliance
Lightning Source LLC
LaVergne TN
LVHW051500090426
835512LV00010B/2261